Laura Lamping (Hg.)

Meine superstarken Dinogeschichten

Laura Lamping (Hg.)

Meine superstarken Dinogeschichten

Illustrationen von Julia Gerigk

Kaufmann Verlag

Bibliografische Information der Deutschen Bibliothek
Die Deutsche Bibliothek verzeichnet diese Publikation in der Deutschen Nationalbibliografie; detaillierte bibliografische Daten sind im Internet über http://dnb.dnb.de abrufbar.

6. Auflage 2026

info@kaufmann-verlag.de

Druck und Bindung: PNB Print
ISBN 978-3-7806-6445-7

Inhalt

Krümel, klein, aber oho!

Krümel war von Anfang an anders als seine Geschwister. Mit seinem langen, dünnen Hals, den winzigen, stummeligen Vorderbeinen und dem schmalen, spitz zulaufenden Schwanz sah er seinen Brüdern und Schwestern so ähnlich wie eine Erdbeere einem Haufen Zitronen. Krümel hatte nicht die geringste Ähnlichkeit mit einem Triceratops, das sah seine Mutter Trixi sofort, als er aus dem Ei schlüpfte.

Trixi war damals sehr aufgeregt. Es war nämlich das erste Mal, dass sie Mutter wurde, und sie freute sich auf ihre Kinder. Gespannt lag sie vor der Sandkuhle, in der sie ihre Eier vergraben hatte. Sie spitzte die Ohren und lauschte. Es knisterte und knackte in den Eiern und in den Schalen zeigten sich erste Risse. Jeden Moment konnten sie schlüpfen, die kleinen Saurier. War das aufregend! Trixis Herz klopfte heftig. Da – das erste Ei brach auseinander und ein niedlicher Triceratops streckte seine neugierige Schnauze in die Frühlingsluft.

„Willkommen, mein Kleiner!", flüsterte Trixi glücklich und fügte hinzu: „Du sollst Tops heißen!"

Kaum hatte Tops das Licht der Welt erblickt, folgten ihm auch schon seine Geschwister. Nach wenigen Minuten wuselten fünf Triceratops-Babys zwischen Trixis Vorderbeinen herum. Tips und Tops rauften miteinander und Taps kletterte über Teps hinweg und trat Tups dabei aus Versehen auf die Nase.

„Jetzt fehlt nur noch einer!", murmelte Trixi und betrachtete besorgt das letzte Ei in der Sandkuhle. Es war klein. Winzig klein. Und darin sollte ein weiteres Triceratops-Baby sein? Das konnte Trixi sich kaum vorstellen. Jetzt begann das Ei zu wackeln. Wieder knickste und knackste es und ein feiner Sprung durchzog die dünne Schale. Trixi hielt den Atem an. Auch die anderen fünf frisch geschlüpften Dinosaurierbabys beobachteten das letzte Ei gespannt. Das Erste, was sie sahen, als die Eierschale auseinanderbrach, waren große, neugierige Augen. Erst auf den zweiten Blick, als der Saurier aus dem zerborstenen Ei schlüpfte, erkannten sie, dass er ziemlich klein war.

„Der sieht ja ganz anders aus als wir“, rief Tops.
„Aber er ist niedlich!“, meinte Tups und krauste die Nase.
„Und er riecht gut!“, sagte Teps und schnupperte am Bauch des Kleinen.
„Was für ein süßes Kerlchen“, seufzte Trixi und fuhr mit ihrer langen Zunge liebevoll über den Kopf ihres jüngsten Babys. „Auf diesen Krümel müssen wir alle besonders gut aufpassen!“

So kam Krümel zu seinem Namen.

Obwohl der kleinste Saurier der Triceratops-Familie so gar nicht zu seinen großen, kräftigen Geschwistern mit ihren eindrucksvollen Nackenschilden und den stämmigen Beinen passte, mochten ihn alle sehr. Sie tobten mit ihm durchs Farnkraut, spielten gemeinsam Verstecken und hielten ab und zu ein Nickerchen im weichen Moos. Und wenn ein Saurier aus der Nachbarschaft sich über den kleinen Krümel lustig machte und Dinge sagte wie „So ein mickriger Zwerg. Der gehört nicht zu uns!“, dann wurden Krümels Brüder und Schwestern ziemlich wütend. Krümel war ihr Bruder und damit basta! Und Trixi war glücklich mit ihrer wunderbaren Kinderschar.

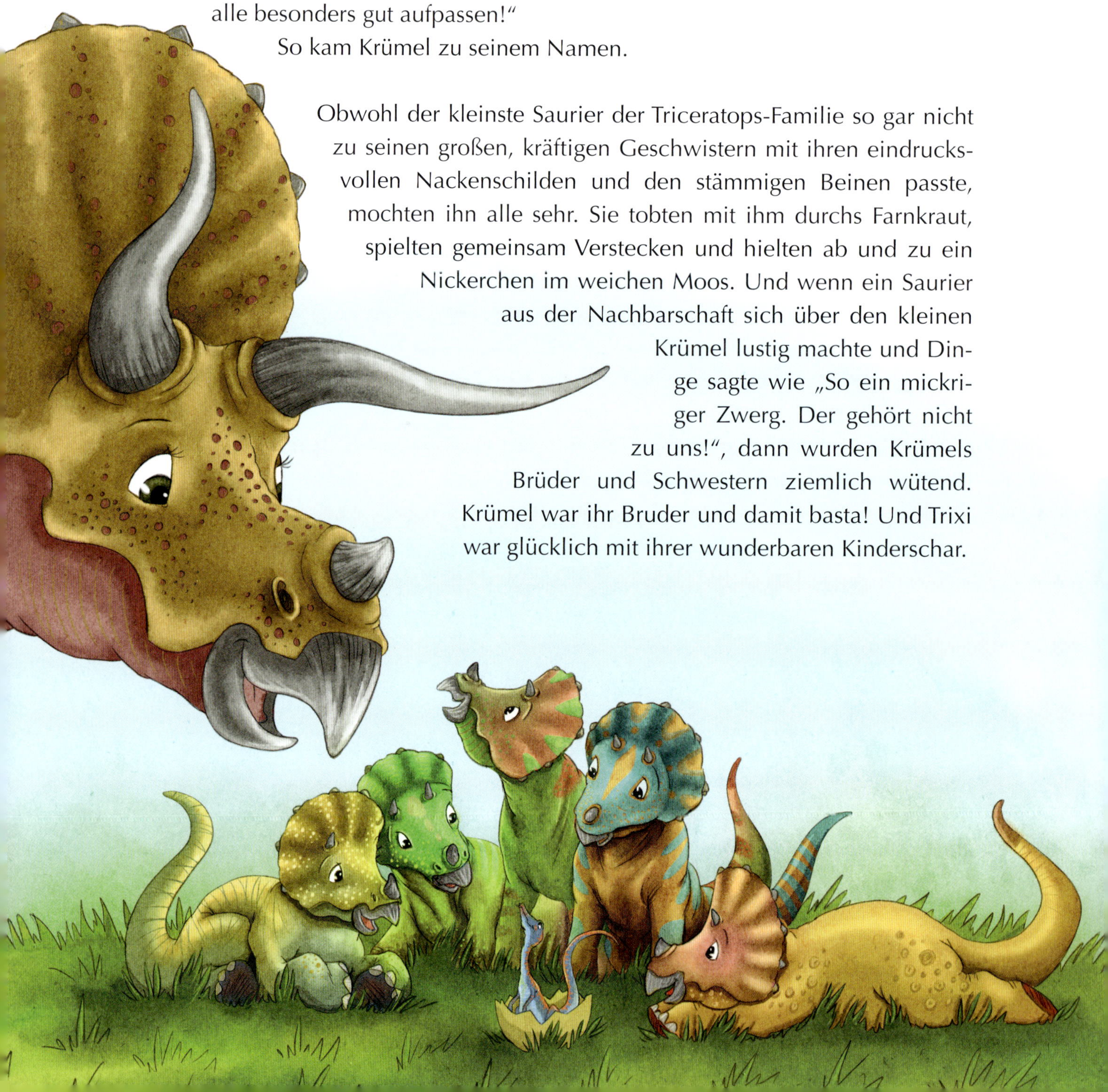

In dem Tal, in dem die Saurier lebten, wohnte auch Bronto, ein riesiger Brontosaurier. Er war so gigantisch groß, dass sein langer Hals hoch aus den Wipfeln der Bäume herausragte, wenn er durch den Wald stapfte. Vor den Tritten seiner schweren, dicken Beine fürchtete sich sogar ein ausgewachsener Triceratops. Bronto war der Herrscher im Tal. Was er wollte, wurde gemacht. Und wenn sein Wutschrei durch den Wald dröhnte, zitterten die Saurier. Auch Trixi fürchtete ihn sehr.

„Geht ihm lieber aus dem Weg!“, sagte sie zu ihren Kindern. „Es hat keinen Zweck, sich mit Bronto zu streiten. Er ist zu groß und zu stark!“

„Aber das ist ungerecht!“, rief Krümel entrüstet. „Nur weil er größer ist als wir, darf er alles bestimmen? Das ist gemein!“

Am gemeinsten war, dass Bronto den anderen Sauriern mit seinem riesigen Körper immer wieder den Weg versperrte, der zwischen den Felsen hinauf zu einer kristallklaren Quelle führte. Durstige Saurier mussten dann einen großen Umweg machen und sich durch dorniges Gestrüpp und über Felsvorsprünge zum Wasser kämpfen. Das war an heißen Tagen besonders beschwerlich und ärgerlich.

An einem schönen Sommertag hatten Krümel, Tips, Taps, Teps, Tops und Tups lange und ausdauernd Fangen gespielt. Sie waren außer Atem und ihre Zungen hingen ihnen durstig aus den Mäulern.

„Lasst uns zur Quelle laufen!“, schlug Tips vor.

„Gute Idee!“, rief Taps und rannte sofort los.

„Halt! Warte! – Was machen wir, wenn Bronto wieder den Weg versperrt?“, fragte Teps.

„Dann – dann nehmen wir eben den Umweg durch die Dornen, wie immer“, seufzte Tops.

„Auf keinen Fall!“ Krümel reckte den dünnen Hals und stemmte die kurzen Vorderbeine in die Hüften. „Der wird uns durchlassen! Wetten?“

„Wie das denn?“, wunderte sich Tups.

„Ich schaffe das! Ihr werdet schon sehen!“, sagte Krümel und lief flink den Trampelpfad in Richtung Quelle davon.

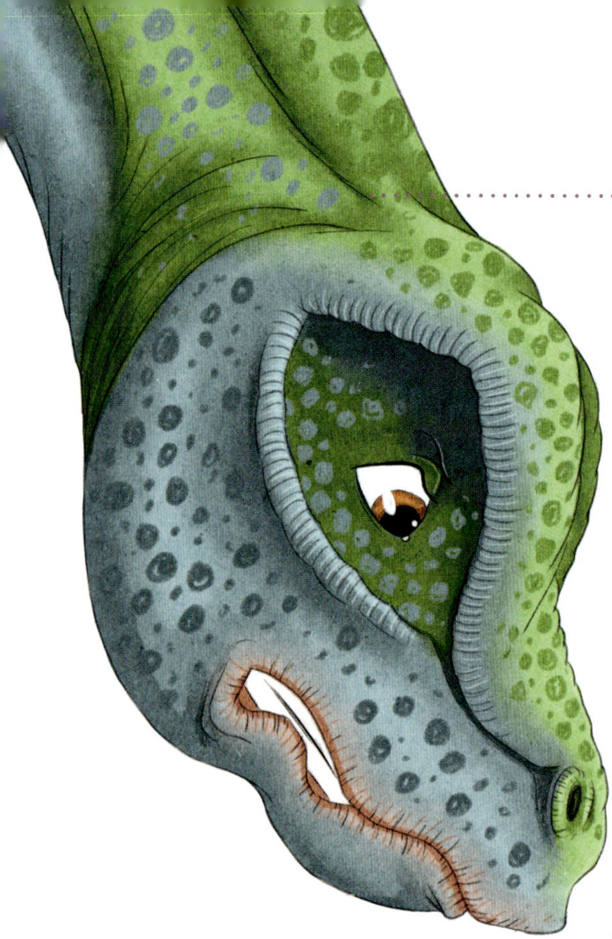

„Ihm nach", rief Tips. „Gegen Bronto hat er ohne uns doch keine Chance!"

Eilig trampelten die Triceratops-Kinder ihrem Bruder hinterher. Sie waren noch nicht weit durch den Wald gelaufen, als sie den riesigen Brontosaurier vor sich auftauchen sahen. Mitten auf dem Weg stand er, den langen Schwanz mehrfach um einen uralten Ginkgo-Baum geschlungen, und starrte sie mit seinen fiesen kleinen Augen an.

„Haut ab, ihr widerlichen Kröten!", zischte er böse. „Das hier ist mein Weg! Hier kommt keiner durch!"

Während seine Geschwister ängstlich stehen blieben, marschierte Krümel unerschrocken weiter. Direkt unter Brontos Schnauze hielt er inne. Der Brontosaurier musste schielen, um den Winzling vor seiner Nase ansehen zu können.

„Verschwinde, du Giftzwerg!", brüllte er und senkte den Kopf. „Hast du nicht gehört? Dieser Weg gehört mir. Ich bestimme, wer hier durchgeht und wer nicht!"

„Tatsächlich?", fragte Krümel erstaunt. „Und wieso bestimmst du das?"

Krümels Geschwister zitterten. Was tat Krümel da? War er verrückt geworden?

„Weil ich der Boss bin!", schnaubte Bronto. „Ich bin hier der Größte und der Stärkste und der Klügste! Deshalb bin ich der Chef! Und der Chef bestimmt alles! Ist das klar?"

„Dass du der Größte hier bist, das stimmt!", sagte Krümel nachdenklich. „Und der Stärkste bist du wohl auch. Aber der Klügste? Der Klügste bist du ganz sicher nicht!"

„Häh?", machte der Brontosaurier verdutzt. „Was fällt dir ein! Ich bin nicht der Klügste? Wieso das denn nicht?"

„Na ja, weil ...", setzte Krümel vorsichtig an, „... weil jemand, der klug ist, zählen kann."

„Ja und?“, fragte Bronto. „Das kann ich doch! Ich kann zählen!“
„Ach wirklich?“ Krümel zog die Stirn in Falten und verschränkte die Vorderbeine vor der Brust. „Kannst du das? – Dann weißt du ja sicher, wie viele Bäume hier in deinem Wald stehen, oder?“
„Wie viele Bäume? – Hier im Wald?“ Der Brontosaurier hob den Kopf, reckte den langen Hals und ließ seinen Blick über die unzähligen Baumwipfel ringsumher schweifen. „Äh – nein – äh – ich hab die Bäume bisher noch nie gezählt. – Aber ich kann das natürlich. Das ist doch klar!“
„Das glaube ich dir nicht!“, sagte Krümel. „Und meine Geschwister glauben es dir auch nicht!“
Tips, Taps, Teps, Tops und Tups nickten wild, obwohl sie überhaupt nicht verstanden, was Krümel eigentlich vorhatte. Sie hofften nur inständig, dass Bronto nicht plötzlich ausrastete.
Bronto aber schaute nur verdutzt von einem zum anderen.
Krümel grinste. „Beweis es uns, Boss!“, sagte er.
„Wie …, was …, beweisen?“, fragte der Brontosaurier verwirrt.
„Beweise uns, dass du zählen kannst. Zähle die Bäume in deinem Wald!“, verlangte Krümel.
„Ach so! Klar, kein Problem!“ Bronto lächelte schief und stand auf.
„Eins – zwei – drei – vier – sechs – sieben …“, begann er zu zählen.
„Fünf!“, unterbrach Krümel ihn. „Du hast die Fünf vergessen!“
„Die was? Die Fünf? Äh – oh – ah – ach ja, natürlich. Die Fünf. Ich fang einfach noch mal von vorne an, okay?“, murmelte Bronto.
„Natürlich. Fang noch mal an und lass dir ruhig Zeit!“, sagte Krümel und setzte sich gemütlich ins Moos.
„Also“, begann Bronto. „Eins – zwei – drei – vier – fünf – sechs – sieben – acht … Äh – ups – habe ich diesen Baum schon mitgezählt?“ Er zeigte auf eine riesige Wollemi-Kiefer.
„Die Kiefer?“ Krümel zuckte mit den Schultern. „Das weiß ich nicht. Besser, du fängst noch einmal an.“
Der Brontosaurier nickte und begann von vorne. Er zählte und zählte. Und jedes Mal, wenn er sich verzählte, wies Krümel ihn darauf hin. Er sagte: „Nach

vierundzwanzig kommt aber fünfundzwanzig und nicht sechsunddreißig!" oder: „Diesen Baum hast du jetzt schon zweimal gezählt."

„Wirklich?", fragte Bronto dann, seufzte und begann von Neuem.

Je länger der Brontosaurier zählte, desto weiter entfernte er sich von dem Weg. Nach einer Weile war nur noch sein riesiger Schatten zwischen den Baumstämmen zu erkennen. Aber man konnte ihn hören.

„Hundertunddrei, hundertundvier, hundertund… – ach nö. Den hatte ich doch schon. Ich fang hier noch mal an: Hundertunddrei, hundertundvier, hundertundfünf …"

Als die Stimme des mächtigen Sauriers immer leiser und leiser wurde, schaute Krümel seine Geschwister triumphierend an.

„Wer hat jetzt Durst?", rief er fröhlich und hopste vergnügt den Trampelpfad zur Quelle hinauf. Taps, Teps, Tips, Tops und Tups folgten ihm begeistert. Die kleinen Saurier löschten genüsslich ihren Durst, planschten noch ein bisschen im Wasser und machten sich erst auf den Heimweg, als die Sonne schon tief am Himmel stand. Sie waren so gespannt, was ihre Mama und die anderen Saurier wohl sagen würden, wenn sie ihnen erzählten, wie Krümel Bronto ausgetrickst hatte.

„Unser Krümel ist zwar klein, aber oho!", kicherte Tips.

„Ja, hoch soll er leben, unser Krümel!", rief Tups und die anderen Geschwister stimmten mit ein.

„Krümel, er lebe hoch! Hoch! Hoch!", tönte es durch den Wald, während sich in der Ferne noch immer ein verwirrter Riesen-Brontosaurier durch das Dickicht kämpfte: „Dreihundertzwölf, dreihundertvierzehn – oh nein, was kam noch nach dreihundertzwölf? Ach ja, dreihundertdreizehn – ich fange besser noch mal von vorne an …"

Der Farnwaldtraum

Von Grendel, dem Dino mit den roten Ohren, dem bösen Dinosaurier Fungibald und seiner launischen Frau Feurigunde

Zuerst hört Kati das Meer rauschen. Und dann sieht sie in der Ferne ein Boot, in dem ein komisches Wesen mit langem Hals sitzt. Es ist ein grün gefleckter Dinosaurier mit roten Ohren, der aus Leibeskräften paddelt. Er muss ordentlich mit der Brandung kämpfen, bis er endlich ans Ufer kommt. Das Boot entpuppt sich als ein halber Schildkrötenpanzer.

Kati und Schnüffel stehen auf der Klippe und beobachten alles. Der Dino hat einen plumpen, faltigen Leib und einen kleinen Kopf.

Jetzt klettert er aus seinem Schildkrötenschiff und watet an Land. Er sieht sich um und geht auf die Klippen zu. Schnüffel zittert, als der grün gefleckte Dino näher kommt, und stottert: „D-d-d-er ist ja zehnmal größer als ich!"

„Keine Angst!", sagt Kati. „Der frisst dich nicht. Der mag nur Pflanzen. Alle Dinos mit kleinen Köpfen sind Pflanzenfresser. Erinnerst du dich nicht daran, was Fritz uns erzählt hat?"

„Ich finde, das Monster hat einen gefährlichen langen Hals. Fast wie eine Schlange", bemerkt Schnüffel schlotternd.

„Eher wie eine Giraffe", verbessert ihn Kati. „Er braucht den langen Hals, damit er die Blätter von den Bäumen abknabbern kann."

Am Ufer erstreckt sich ein Wald aus Farnen und Schachtelhalmen. Eigentlich sieht er mehr wie eine riesige Waldwiese aus, deren Halme Baumstammdicke erreicht haben. Die Landschaft sieht so aus wie die im Dinosaurierbuch von Fritz.

Der grüne Dino setzt sich auf einen flachen Stein in die Sonne und sieht sich um. Da entdeckt er Kati und Schnüffel.

„W-w-w-wer seid denn ihr?“, ruft er erschrocken.
Mit langen, plumpen Schritten kommt der Dinosaurier näher.
„Das halt ich im Kopf nicht aus!“, murmelt Schnüffel und versteckt sich hinter Katis Nachthemd.
„Hallo“, sagt Kati. „Ich bin Kati und das ist der Schnüffel, und wir freuen uns, dass wir dich kennenlernen.“
„Ich bin Grendel, der Farnwalddino, und ich sehe so komische Wesen wie euch zum ersten Mal. Ihr müsst schon entschuldigen, dass ich euch so anglotze. Habt ihr meine Frau Grendula oder meine Kinder gesehen? Sie sind von einem Ausflug nicht zurückgekommen. Ich suche schon den ganzen Tag nach ihnen.“
„Wir haben deine Familie leider nicht gesehen. Wir sind aber auch eben erst eingetroffen“, sagt Kati.

Plötzlich bebt der Boden. Man hört ein Fauchen und Schnauben. Da kommt ein Riesendino angestampft.

„Das ist Fungibald, der Tyrannosaurier! Mit dem ist nicht zu spaßen. Vor dem haben alle Angst. Los, versteckt euch! Der frisst nämlich, was er kriegen kann!"

Mit einer Geschwindigkeit, die man dem schwerfälligen grünfleckigen Grendel gar nicht zugetraut hätte, verschwindet er im Farnwald. Der Neuankömmling ist wirklich von imponierender Größe. Er hat einen großen Rachen mit spitzen Zähnen und Pranken mit gefährlichen Krallen.

„Das ist ein Fleischfresser!", wispert Kati.

„Hihihilfe", bibbert Schnüffel und seine Zähne schlagen aufeinander. „Der soll doch Kreide fressen. Ich denke, jetzt ist Kreidezeit!"

„Psst!", sagt Kati. „Reiß dich zusammen, du Angsthase. Bist selber kreidebleich! Du verrätst uns noch mit deinem dämlichen Zähneklappern!"

„Ich rieche … rieche … frisches Fleisch!", schnaubt Fungibald. Er reckt den mächtigen Kopf in die Höhe und nimmt die Witterung auf.

„Er riecht uns!", murmelt Kati.

Mit mächtigen Schritten wendet sich Fungibald dem Farnwald zu. Zielsicher nähert er sich dem Versteck von Kati und Schnüffel. Sicher hätte alles ein schreckliches Ende genommen, wenn jetzt nicht eine energische Stimme hinter dem Felsen gebrüllt hätte: „Fungibald!!! Wo bleibt mein Fischsalat? Mir knurrt der Magen!"

Ein etwas kleinerer und etwas dickerer Dinosaurier erscheint plötzlich vor der Riesenhöhle am Klippenrand. Er schnauft und faucht.

„Wird's bald, Fungibald?", zetert die Stimme der Dino-Frau.

Ohne dass Kati und Schnüffel es bemerkt haben, ist Grendel wieder neben ihnen aufgetaucht und flüstert: „Fungibald fürchtet sich vor niemandem. Nur vor seiner Frau Feurigunde. Sie ist unberechenbar und launisch. Besonders, wenn sie Junge hat. Da darf niemand außer ihm in die Nähe ihrer Höhle. Das ist lebensgefährlich. Oje! Hoffentlich ist meiner Familie nichts passiert!"

„Eine komische Insel", brummt Schnüffel. „Jeder fürchtet sich. Wir fürchten uns vor dir, du fürchtest dich vor Fungibald und Fungibald fürchtet sich vor Feurigunde."

„Da hast du recht", seufzt Grendel, „aber was kann man dagegen tun?"
Das weiß Schnüffel auch nicht.
„Fürchtet sich Feurigunde vor niemandem?", will Kati wissen.
„Sie fürchtet sich nur vor Zahnweh und vor Geistern. Sie soll sehr abergläubisch sein, hat mir ein Stegosaurus erzählt. Die Tyrannosaurier sind extra auf diese Insel gezogen, weil es hier keine Geister gibt."
„Das lässt sich ändern", murmelt Kati und lächelt listig.
Und während Fungibald gehorsam seiner Herzallerliebsten den Fischsalat zubereitet, erklärt Kati Schnüffel und Grendel ihren Plan.
„Sehe ich nicht in meinem Nachthemd ein bisschen wie ein Gespenst aus? Das hat mir jedenfalls schon einmal jemand gesagt, der vor mir erschrocken ist", sagt Kati. „Noch dazu bin ich ein Mensch. Also ein Wesen, das noch niemals jemand auf dieser Dino-Insel gesehen hat."
„Stimmt!", sagt Grendel. „Ich bin, ehrlich gesagt, auch vor dir erschrocken."
„Dann hört meinen Plan: Ich werde eine Geisterstunde abhalten, dass Feurigunde das Hören und Sehen vergeht. Sie wird vor Schreck in ihre Höhle rennen und Fungibald hoffentlich hinterher. Ihr klettert inzwischen auf den Felsen über ihrer Höhle. Da liegt ein mächtiger Felsbrocken. Den rollt ihr gemeinsam an die Felsenkante. Wenn ich ‚Los!' rufe, lasst ihr ihn herunterfallen. Er wird den Höhleneingang versperren und die Tyrannosaurier sitzen in der Falle."
„Eine fabelhafte Idee", ruft Grendel begeistert.
„Wenn das nur gut geht!", wimmert Schnüffel und klappert mit den Zähnen.
„Reiß dich zusammen!", sagt Kati. „Sobald die Sonne untergegangen ist, geht's los. Klettert auf euren Platz!"
Im Schneckentempo verschwindet die Sonne hinter dem Wald.
„Jetzt ist es dunkel genug für meine kleine Geisterstunde!", murmelt Kati. Und dann legt sie los.
Sie holt tief Luft, brüllt allerhand dummes Zeug und tanzt dabei in ihrem weißen Nachthemd am Klippenrand auf und ab.
„Huhu! Schuhu! Der Geist stört eure Ruhhu! Es ist so weit! Huhu! Schuhu! Kreidebleiche Geisterzeit! Es kommt der Geistermeister Scheibenkleister, alle, die sich fürchten, beißt er!"

Katis Spuk hat Erfolg: Fungibald und Feurigunde haben noch nie in ihrem Leben so ein komisches Wesen gesehen und noch nie solche Laute gehört! Sie verschwinden mit Angstgebrüll in ihrer Höhle.
„Achtung, fertig, los!“, ruft Kati, so laut sie kann.
Auf dieses Kommando haben Grendel und Schnüffel bloß gewartet. Jetzt rollen sie den schweren Steinbrocken von der Felskante. Man muss fairerweise sagen, dass Grendel dabei die Hauptarbeit leistet. Mit großem Getöse zerbricht der Felsblock vor der Höhle. Er versperrt den Eingang, so, wie es Kati geplant hat!

„So, vor den Tyrannosauriern wären wir erst mal sicher!", sagt Kati zufrieden. „Und jetzt suchen wir deine Familie, Grendel. Die Insel ist ja nicht so groß!"
Diesmal ist es Schnüffel, der die richtige Spur findet.
„Ich höre Hilferufe!", sagt er. „Dort!" Er läuft voraus und entdeckt das Vorratslager der Dinosaurier, das in einiger Entfernung von der Höhle im Wald liegt. Dort sind in einem großen Käfig mehrere Tiere eingesperrt. Darunter auch Grendels Frau Grendula und seine Kinder, die kleinen Grendolinos.
„Wartet nur, wir befreien euch alle!", ruft Schnüffel.
Gemeinsam gelingt es ihnen, den rostigen Riegel aufzuschieben, mit dem der Käfig versperrt ist.
Man kann sich die Freude der befreiten Tiere vorstellen!
„Drei Tage ohne Wasser!", seufzt die Schildkröte. „Ich bin fast tot!"
„Eine Woche lang kein Blatt!", stöhnt ein Stegosaurier.
Grendel, Grendula und die Grendolinos sind überglücklich, dass sie wieder zusammen sind.
„Wie konnte das denn bloß passieren?", erkundigt sich Grendel.
„Fungibald hat uns mit einem Netz aus Schlingpflanzen eingefangen, als wir beim Picknick am Strand saßen!", berichtet Grendula. „Unsere Grendolinos wollte er als Suppeneinlage verwenden! Welch ein Glück, dass Feurigunde heute Appetit auf Fischsalat hatte!"
„Pech für die Fische", murmelt Schnüffel.
Und dann zünden Kati, Schnüffel und Grendel am Strand ein Feuer an und feiern mit den befreiten Tieren ein großes Fest. Zu essen und zu trinken finden sie im Vorratslager des bösen Tyrannosauriers genug. Sie singen, tanzen und erzählen. Und das wütende Brüllen Fungibalds und Feurigundes in der Ferne ist schönste Musik in ihren Ohren.
[…] Als alle vom Feiern müde sind und Schnüffel auf einem weichen Bett von Eukalyptusblättern schnarcht, murmelt Kati ihren geheimen Zauberspruch und träumt sich und Schnüffel aus dem Farnwald und aus der Kreidezeit wieder in ihr warmes Bett zurück.

Die Dino-Olympiade

Kaum sind die ersten Sonnenstrahlen über die Hügel gekrochen, beginnt ein buntes Treiben im Dorf der Dinos. Heute ist nämlich ein ganz besonderer Tag: Die Dino-Olympiade findet statt! Einmal im Jahr treten mehrere Gruppen Dinos in einem spannenden Wettbewerb gegeneinander an und da gibt es noch eine Menge vorzubereiten. Während der Schiedsrichter die Wettkampfstrecke noch einmal überprüft, machen sich die Dinos, die gleich an den Start gehen, bereits warm.

Normalerweise freut sich der kleine Entenschnabeldino Eddy immer besonders auf diesen Tag. Als Zuschauer fiebert er gespannt bei den Wettkämpfen mit und jubelt laut, wenn seine Favoriten in Führung gehen. Doch nicht in diesem Jahr! Heute wollen Eddy und seine Freunde zum ersten Mal selbst an der Dino-Olympiade teilnehmen. Besser gesagt: Eddys Freunde wollen daran teilnehmen und er hat sich dazu überreden lassen. Jetzt, wo der Tag gekommen ist, hat er ein ganz schön mulmiges Gefühl in seinem Bauch. Er kann sich kaum vorstellen, dass er und seine Freunde eine Chance gegen die anderen Dinos haben. Schließlich sind sie weder besonders schnell noch besonders stark, lediglich ein bunt gemischter Haufen Dinos.

Zu Eddys Freunden zählen Langhalsdino Leo, Flugdino Franzi und Horndino Hugo. Jeder von ihnen hat seine eigene Besonderheit: Leo hat einen sehr langen Hals, Franzi kann fliegen und Hugo hat ein großes Horn auf der Nase. Und dann gibt es da eben noch den kleinen, etwas schüchternen Eddy. Weshalb seine Freunde ihn unbedingt bei der Olympiade dabeihaben wollen, ist ihm ein Rätsel, schließlich hat er keine besondere Fähigkeit, die dafür nützlich sein könnte. Trotzdem hat Eddy zugesagt und jetzt gibt es kein Zurück mehr.

„Hallo und herzlich willkommen bei unserer diesjährigen Dino-Olympiade", begrüßt der Schiedsrichter gut gelaunt alle Teilnehmer und Zuschauer. „Bevor

unsere Athleten in den schwierigen Parcours starten, erkläre ich noch einmal die Regeln! Dürfte ich die Teilnehmer bitten, an den Start zu gehen?"
„Oje, jetzt geht es los", denkt Eddy, während er sich gemeinsam mit seinen Freunden an der Startlinie positioniert. Er ist so aufgeregt, dass er sich kaum auf die Worte des Schiedsrichters konzentrieren kann, aber die Regeln sind sowieso jedes Jahr die gleichen: Es gilt, einen Parcours mit drei Hindernissen zu bewältigen und am Ende eine Aufgabe zu lösen. Wie immer gibt es für die Aufgabe einen kleinen Hinweis. Dieses Jahr lautet er: Befreie die Edelsteine! Was auch immer das zu bedeuten hat.
Für die Hindernisse gibt es keine Regeln – man darf bloß keine der anderen Gruppen stören, aber das ist unter den Dinos ohnehin selbstverständlich.
„Na, bist du schon aufgeregt?", flüstert Franzi Eddy zu.
Es kann jetzt jeden Moment losgehen und einige Dinos neben ihnen scharren bereits ungeduldig mit den Füßen.
„Ach, es geht schon", flunkert Eddy. In Wahrheit ist aus dem mulmigen Gefühl in seinem Bauch eine heftige Übelkeit geworden. Er hat furchtbares Lampenfieber.
„Wann geht's denn endlich los?", fragt Hugo ungeduldig. Der Horndino ist ein richtiges Energiebündel und kann es kaum erwarten, loszustürmen.
Und dann fällt der Startschuss!
Hastig rennen oder fliegen alle Dinos los und der kleine Eddy etwas verspätet hinterher. Ziel ist das erste Hindernis und das lässt nicht lange auf sich warten. Vor den Dinos erstreckt sich ein riesiges Labyrinth. Davor steht ein Holzschild mit der Aufschrift „Fliegen verboten!".
„Oh nein, das dauert bestimmt ewig, bis wir da durch sind", murmelt Eddy verunsichert.
Auch Franzi ist ratlos: „Wie sollen wir nur den richtigen Weg finden? Wenn ich doch nur darüberfliegen dürfte ..." Die anderen Gruppen sind schon mutig ins Labyrinth gerannt, während die zwei Freunde noch überlegen, wie sie die Aufgabe bewältigen sollen.
„Macht euch keine Sorgen", entgegnet Leo da grinsend, „ich habe schon eine Lösung im Blick." Überrascht drehen sich Eddy, Franzi und auch Hugo zu Leo

um und erst jetzt bemerken sie, dass der Kopf ihres langhalsigen Freundes über das Labyrinth herausragt. Er kann es mühelos überblicken. Also nichts wie los! Rasch folgen die drei ihrem großen Freund in den Irrgarten hinein. Es ist für Leo tatsächlich ein Leichtes, die gesamte Gruppe durch das Labyrinth zu steuern. Und solange man die anderen Gruppen nicht behindert, ist schließlich alles erlaubt. Im Nu haben Eddy und seine Freunde den Ausgang aus dem Labyrinth gefunden.

„Das war ja ein Klacks!“, stellt Hugo überschwänglich fest und auch die anderen sind hellauf begeistert.

Auch Eddy fällt ein riesiger Stein vom Herzen. Ob die anderen Gruppen es wohl ebenfalls alle aus dem Labyrinth geschafft haben? Eddy ist sich fast sicher, hinter den hohen Hecken noch ein paar Stimmen zu hören. Doch dann wird er jäh aus seinen Gedanken gerissen – als Leo abrupt stehen bleibt und überrascht ausruft: „Huch, was ist denn jetzt los?“

Da sieht Eddy, dass Leo mit einem Bein in den laubbedeckten Boden einsinkt! Hastig befreit sich der Langhalsdino und weicht ein paar Schritte zurück.

Erst jetzt bemerken die Freunde, dass das zweite Hindernis sich bereits direkt vor ihnen erstreckt.

„Was für eine Gemeinheit!", wettert die temperamentvolle Franzi. „Vor uns liegt das Moor! Und so, wie es aussieht, ist der einzig sichere Weg unter dem Laub versteckt!"
Wie sollen sie nur den Weg finden, ohne im Moor zu versinken?!, denkt Eddy verzweifelt. An den Fußabdrücken vor dem Moor kann er eindeutig erkennen, dass ein paar Dinos schon vor ihnen da gewesen sind. Aber wie es den anderen gelungen ist, das Moor zu überwinden, ist ihm ein Rätsel. „Mist, das war's dann wohl", stellt Eddy entmutigt fest.
„Oh nein! Nicht mit mir", protestiert Franzi plötzlich. Sie positioniert sich ganz nah am Moor und fängt an, mit ihren Flügeln zu schlagen. Erst ganz langsam und dann immer schneller. Staunend beobachtet Eddy das Spektakel. Franzi gelingt es wirklich, mit ihren Flügeln so viel Wind zu erzeugen, dass das Laub beiseitegefegt wird. Der sichere Weg durch das gefährliche Moor ist frei!
„Wow", freut sich Eddy, „unglaublich!" Und gleichzeitig wünscht er sich, dass er auch ein besonderes Talent hätte. Bis jetzt hat er seinen Freunden an keinem Hindernis weiterhelfen können. Doch er hat gar keine Zeit, sich darüber länger den Kopf zu zerbrechen, denn der Parcours ist noch nicht zu Ende!

Wohlbehalten gelangen sie durch das Moor, als ihnen plötzlich große Holzbretter den Weg versperren. Freudestrahlend erblickt Hugo dieses dritte Hindernis. Auf so etwas hat er die ganze Zeit gewartet.
„Lasst mich das machen!“, ruft er aufgeregt. „Ich ramme den Weg mit meinem Horn frei!“
Eddy will gerade einwenden, dass es bestimmt noch einen anderen Weg gibt, schließlich haben die Gruppen vor ihnen die Bretter auch nicht zerstören müssen, aber Hugo ist nicht mehr zu stoppen. So schnell er kann, stürmt er mit gesenktem Horn auf die Bretter zu.
Und tatsächlich – es funktioniert! Mit einem lauten Krachen brechen die Bretter auseinander und geben den vier Freunden den Weg zur letzten Aufgabe frei! Sie lassen das zerstörte Holz hinter sich, folgen dem Weg auf eine Anhöhe und merken mit jedem Schritt, wie es um sie herum kälter und kälter wird. Gleichzeitig können sie nun immer deutlicher die Anfeuerungsrufe der Zuschauer hören, die im Zielbereich auf die Athleten warten. Sie sind also auf dem richtigen Weg!
„Ich glaube, hier geht es zu den Eisfeldern“, stellt Hugo mit klappernden Zähnen fest.
Und er hat recht. Oben angekommen, erstrecken sich große Schichten aus Eis und Schnee. Aber das ist noch nicht alles: Vor ihnen befindet sich außerdem ein riesiger Eisklotz, in dem es wunderschön funkelt und an dem sich schon einige schnellere Dinos zu schaffen machen.
„Schaut mal, wir müssen die Edelsteine aus dem Eis befreien!“, leuchtet es Eddy ein, der die Diamanten darin erkannt hat. Aber wie?
Bis jetzt ist es noch keiner der anderen Gruppen gelungen, das Eis aufzubrechen. Egal ob Kratzen, Stoßen oder Hämmern, nichts scheint dem Eis etwas anhaben zu können.
„Und jetzt?“, fragt Franzi ratlos.
Einen Moment lang herrscht Stille, doch dann meldet sich Eddy zögerlich zu Wort: „Ich glaube, ich habe eine Idee.“
Sofort drehen sich seine Freunde zu ihm um. „Ja? Dann schieß mal los!“, fordert Franzi ihn auf.

Also nennt Eddy seine Idee: „Wir machen ein Feuer! So bringen wir das Eis zum Schmelzen."
„Wie willst du denn bitte ein Feuer machen?" Leo ist skeptisch.
„Und ist das nicht viel zu gefährlich?", fragt Franzi zögerlich.
„Vertraut mir!", erwidert Eddy und beginnt, seinen Plan zu erklären. Damit es funktioniert, müssen sie alle vier zusammenarbeiten. Zuerst müssen sie noch mal zurückgehen, um die kaputten Bretter, ein paar Äste und etwas Laub einzusammeln und alles zu einem Haufen aufzuschichten. Dann muss es ihnen nur noch irgendwie gelingen, den Haufen anzuzünden.
„Wenn wir einen Ast ganz schnell an einen anderen reiben, bekommen wir einen Funken!", erklärt Eddy. „Aber wir müssen vorsichtig sein!", fügt er hinzu.
Gesagt, getan. Eddy und Leo nehmen beide das Ende eines Asts und ziehen ihn hin und her über einen anderen Ast, der direkt neben dem Haufen liegt. Es sieht beinahe so aus, als wollten sie Tauziehen veranstalten. Und obwohl Eddy und Leo mit der Zeit richtig schnell werden und Franzi sie laut anfeuert, geschieht erst einmal gar nichts.
Langsam wird Hugo ungeduldig. „Wann passiert denn jetzt mal was?", will er wissen.
„Wart's ab", presst Eddy angestrengt hervor, ohne dabei den Ast fallen zu lassen.
„Da! Ich sehe etwas!", ruft Franzi plötzlich. „War das ein Funke?"
Hugo rümpft die Nase. „Und ich …" Er schnuppert. „Ich rieche Rauch!"
Tatsächlich hat sich ein Funke gebildet und das Laub beginnt zu qualmen. Es klappt! Einige Zuschauer jubeln begeistert auf, als sie die kleinen Flammen erkennen. So manche Teilnehmer aus den anderen Gruppen weichen sicherheitshalber ein paar Schritte zurück. Gebannt starren alle auf das Feuer.
Mit ihren Flügeln kann Franzi den Flammen nun Luft zufächeln und sie richtig anheizen. Das Feuer wird größer und größer. Es dauert noch ein bisschen, aber dann sehen sie es eindeutig, der große Eisklotz beginnt langsam zu schmelzen! Jetzt ist Hugo an der Reihe. Mit seinem Horn kann er für den Rest sorgen und das Eis zerbrechen! Es ist unglaublich, Eddys Plan geht auf! Das Eis bricht! Die Zuschauer toben vor Begeisterung.

Vorsichtig geht Eddy am Feuer vorbei und näher an das Eis heran. Und dann sieht er sie: Ganz unversehrt liegen die Edelsteine zwischen ein paar Eisresten. Eddy nimmt sie mit einem Blatt auf und hält sie in die Höhe. Sie haben es tatsächlich geschafft! Sie haben wirklich die Edelsteine aus dem Eis befreit! Jubelnd fallen seine Freunde ihm um den Hals. Eddy spürt, wie ihn eine Welle von Glück überrollt. Er kann es gar nicht glauben.

Jetzt gilt es nur noch die Edelsteine schnell ins Ziel zu bringen, aber zuvor löschen die Freunde rasch das Feuer mit dem geschmolzenen Eis.

Dann überqueren sie gemeinsam und mit vor Freude strahlenden Gesichtern die Ziellinie, wo sie bereits von den applaudierenden Zuschauern und dem begeisterten Schiedsrichter mit den Medaillen in Empfang genommen werden. Nach und nach trudeln auch die anderen Gruppen im Ziel ein und jedem, der das Feuer verpasst hat, wird schnell davon erzählt.

Dank Eddys cleverem Einfall spricht man im ganzen Dorf schon bald nicht mehr vom kleinen, sondern vom klugen Eddy. Natürlich macht ihn das unheimlich stolz, doch noch viel stolzer ist er auf das, was er mit seinen Freunden geschafft hat. Von allen Teams sind sie die Besten gewesen – nicht, weil sie besonders stark oder schnell waren, nein, weil sie einfach am stärksten zusammengehalten haben.

Der falsche Dino

Luis stürmt in den Kindergarten quer durch den Gruppenraum und gleich zur Bücherecke. Gestern hat die Gruppe neue Bücher bekommen, auch ein großes Dinosaurierbuch – mit ganz vielen Bildern und Klappen! Das will er sich jetzt sofort als Erstes anschauen.

„Morgen, Sven!", ruft er dem Erzieher im Vorbeirennen zu. Luis ist der größte Dino-Experte im ganzen Kindergarten. Keiner weiß so viel wie er über diese Urzeittiere. Er hat Bettwäsche mit Ceratosauriern und einen Brontosaurus auf seiner Brotdose. Er hat sogar ein kleines T-Rex-Skelett selbst zusammengebaut, natürlich eines aus Plastik. Zu Hause in seinem Kinderzimmer steht eine ganze Sammlung von Dinosaurierfiguren im Regal. Und im Kindergarten hat er im Sandkasten ganz allein einen großen Dino-Park für seine Figuren aufgebaut.

Heute hat Luis seinen Pteranodon mitgebracht. Er liebt Flugsaurier, weil sie die größten Tiere auf der Welt waren, die fliegen konnten. Die waren viel größer als die Vögel heute! Luis kennt alle Arten in- und auswendig und wenn er groß ist, möchte er einmal Dinosaurierforscher werden.

Jetzt aber kann er es kaum erwarten, das neue Buch anzuschauen. Luis spürt, wie es in seinem Bauch heftig kribbelt, so aufgeregt ist er. Sven hat versprochen, dass sie es heute zusammen lesen wollen. Luis kann ihm dann immer ganz viel erklären, weil Sven überhaupt keine Ahnung von Dinos hat. Trotzdem ist er sein Lieblingserzieher.

Aber das Buch ist weg! Luis wühlt durch die Bücherkiste und schaut unter den Kissen nach. Doch es ist nicht da! Sein Bauch, der eben noch so leicht und kribbelig war, zieht sich auf einmal zu einem blöden Zwicken zusammen.

„Wo ist das Buch?", brüllt er durch den Gruppenraum.

„Luis, nicht so laut!", ermahnt ihn Sven. „Meinst du das Dinosaurierbuch?", fragt er.

Luis boxt genervt in ein Kissen. Was für eine dumme Frage, welches denn sonst?
„Ich glaube, das hat Amira noch. Ich habe es ihr heute Morgen gezeigt", erklärt Sven.
In Luis' Bauch blubbert es jetzt ganz heftig. Wieso hat Amira SEIN Dino-Buch?! Und wieso hat Sven es mit IHR angeschaut?! Amira ist erst seit ein paar Tagen im Kindergarten. Und jetzt hat sie SEIN Dino-Buch? Luis lässt sich wütend in die Kissen fallen.
„Aber du wolltest das doch mit mir lesen!", mault er und spürt auf einmal einen dicken Kloß im Hals.
„Das mache ich auch gleich", verspricht Sven. „Ich bringe jetzt aber erst einmal die Teller vom Frühstück in die Küche. Wir können es doch gleich zu dritt lesen?!"
Zu dritt? Mit Amira? Bloß nicht! Luis ist der Dino-Fachmann in der Kita. Niemand sonst! Er verschränkt die Arme vor der Brust und macht ein finsteres Gesicht. Dann schaut er sich um. Amira sitzt tatsächlich mit seinem Dino-

Buch in der Puppenecke. In der Hand hält sie auch eine Dinosaurierfigur. Luis staunt. Es ist ein Stegosaurus. Mit den dicken Rückenplatten sieht der Dinosaurier fast wie ein Drache aus. Die Figur ist echt schön. So eine hat Luis noch nicht. Aber was will die denn mit so etwas? Neugierig klettert Luis aus den Kissen und läuft rüber in die Puppenecke. Dort baut er sich vor Amira auf und zeigt auf das Buch. „Gib das her, das ist meins!“ Amira guckt überrascht hoch.

„Oh. Aber … ich dachte … Sven hat gesagt, die Bücher sind für alle Kinder.“

„Das hier nicht. Gib her, du verstehst das eh nicht.“

„Hä?! Wieso nicht? Ich liebe Dinosaurier.“

„Du???“

„Ja klar. Wieso?“

„Aber ich WEISS alles über Dinosaurier.“

„Toll für dich“, jetzt schaut Amira Luis böse an, steht auf und stellt sich mit den Händen in den Seiten vor ihn hin. Luis macht einen Schritt rückwärts. Damit hat er nicht gerechnet. Was will sie denn jetzt? Er schluckt.

„Dann sag mir, was ist der Unterschied zwischen einem Triceratops und einem Stegosaurus!“, fordert Amira Luis heraus.
Luis lacht. „Das weiß doch JEDER! Das ist Babykram! Die sehen sich ja nicht mal ähnlich! Jetzt gib mir endlich das Buch.“ Luis grabscht nun wieder mutig nach Amiras Stegosaurus. „Oder ich schmeiß deinen Stegosaurus ins Klo.“
Da wird Amira plötzlich ganz rot im Gesicht und wirft ihm das Buch vor die Füße. „Nimm doch dein blödes Buch. Und gib den wieder her!“
„Selber blöd!“, murmelt Luis, schnappt sich das Buch und wirft nun Amira ihre Figur vor die Füße. Was die kann, kann er auch! Trotzdem fühlt er sich jetzt ein bisschen komisch. Dabei hat er ja sein Dino-Buch wieder …
Amira streckt Luis die Zunge raus, nimmt ihren Stegosaurus und stampft wütend in den Nebenraum. Sven hat den Streit zum Glück nicht mitbekommen. Als er endlich aus der Küche kommt und das Buch mit beiden Kindern lesen will, will Amira lieber in der Bauecke bauen. So hat Luis Sven und das Buch ganz für sich. Aber irgendwie kann er sich nicht mehr so richtig freuen. Immer wieder schaut er zu Amira hinüber und beißt sich auf die Lippe. Das war nicht okay von ihm, dass er so gemein zu ihr war, das weiß er ganz genau. Außerdem ist sie neu in der Gruppe und hat noch nicht viele Freunde zum Spielen. Doch dann fängt Sven an zu lesen und bald denkt Luis nur noch darüber nach, wie hoch ein Pteranodon fliegen konnte und wie schnell ein Tyrannosaurus war.
Sven liest Luis alles genau vor und sie haben viel Spaß mit den Klappen, bei denen man in ein Dino-Ei schauen oder das Skelett im Inneren eines Brontosaurus sehen kann. Doch bei einer Seite über pflanzenfressende Dinosaurier stockt Luis plötzlich. Zwischen den friedlichen Sauriern mit den langen Hälsen steht ein dicker Dinosaurier mit einem großen Kamm auf dem Rücken, der aussieht wie eine lange Flosse. Da stimmt doch etwas nicht, wundert Luis sich.
„Was steht da?“, fragt er den Erzieher.
„Da steht ‚STE-GO-SAU-RUS‘“, liest Sven deutlich vor.
„Das ist Quatsch!“, ruft Luis. Sein Herz klopft auf einmal ein bisschen schneller in seiner Brust.

„Wieso Quatsch?“, fragt Sven.
„Das ist kein Stegosaurus, so sieht der nicht aus.“
„Das stimmt sicher, wenn es da steht. An so einem Buch arbeiten viele Menschen, die kennen sich gut aus, die machen keine Fehler!“
„Aber das ist falsch, bestimmt.“ Luis weiß das genau. Aber wie kann er Sven das klarmachen? Unruhig rutscht er auf dem Po hin und her. Ob Amira das auch weiß? Schließlich hat sie gesagt, dass sie Dinos liebt. Luis schnappt sich das Buch und rennt zu Amira.
„Amira, schau mal, hier!“ Er hält der verdutzten Amira das Buch hin. „Was ist das? Guck mal, das sind die Pflanzenfresser, hier!!“ Er trommelt mit dem Finger auf das Bild.
Amira schaut gar nicht hin und baut weiter an ihrem Turm. „Schön für dich“, murmelt sie.
Mist, Amira ist anscheinend noch sauer wegen vorhin. Dabei tut es Luis ja längst wieder leid. Aber das weiß Amira natürlich nicht. Ob er ihr das mal sagen soll? „Amira, tut mir leid, dass ich vorhin so doof zu dir war“, versucht Luis es leise.
Amira schaut endlich auf. Zum Glück. Aber sie sagt kein Wort. Dabei muss Luis doch jetzt schnell wissen, ob sie den Dino erkennt. Luis tritt von einem Fuß auf den anderen. „Bitte, schau mal. Was ist das für ein Dinosaurier? Kennst du den?“, fragt er ungeduldig.
Amira sieht ihn etwas misstrauisch an. „Du weißt doch immer alles ...!“ Widerwillig nimmt sie sich dann aber doch das Buch, zeigt auf die Bilder und erklärt: „Da ist ein Brachiosaurus und ein Brontosaurus ...“, plötzlich stutzt sie, „und das, das ist doch ein Spinosaurus? Der isst doch Fleisch! Wieso ist er bei den Dinos, die Pflanzen essen?“
„Sven sagt, da steht Stegosaurus!“ In Luis Bauch kitzelt es, als wären hundert Ameisen unterwegs. „Aber der sieht doch total anders aus. Da ist ein Fehler in dem Buch!“ Er zieht Amira mit zu Sven in die Leseecke.
Luis hält Amiras Figur hoch: „Schau mal, Sven, DAS ist ein Stegosaurus!!!“
„Genau, und der da in dem Buch, das ist ein Spinosaurus“, ergänzt Amira fachmännisch.

Sven staunt. „Wow. Also wenn ihr beide sagt, dass das falsch ist, dann müssen wir wohl den Leuten schreiben, die das Buch gemacht haben."
Luis' Herz macht einen Hüpfer. „Wirklich? Geht das? Jetzt sofort?" Er grinst Amira zu und sie grinst zurück.
„Na klar", versichert Sven und macht mit seinem Handy ein Foto von der Buchseite. Zusammen schreiben sie eine E-Mail an den Verlag, der das Buch gemacht hat.
Sie müssen gar nicht lange warten. Ein paar Tage später liegt ein großes Paket vom Buchverlag mit einem Brief auf dem runden Tisch im Gruppenraum. Neugierig kommen die Kinder zum Morgenkreis zusammen. Sven liest den Brief laut vor:

> Liebe Amira, lieber Luis,
>
> herzlichen Dank für eure Nachricht. Ihr habt vollkommen recht. Das Bild zeigt einen Spinosaurus und keinen Stegosaurus. Der Spinosaurus ist ein Fleischfresser und gehört auf die Seite natürlich überhaupt nicht hin. Toll, was ihr schon alles wisst! Der Fehler tut uns sehr leid. Ein Buch besteht immer aus so vielen Bildern und Texten. Viele Menschen arbeiten daran, da kann schon einmal ein Fehler passieren. Wir werden das ändern und euch das überarbeitete Buch schicken, sobald es fertig ist. In der Zwischenzeit wünschen wir euch viel Spaß mit unserem neuen Dinosaurierspiel.

Im Paket liegt tatsächlich ein großes Dinosaurierspiel mit richtigen Dino-Figuren! Die Kinder aus der Gruppe jubeln und wollen es sofort ausprobieren. Sie holen die Figuren aus dem Karton und Amira und Luis werden mit Fragen zugeschüttet: „Wie heißt der?" – „Ist der stärker als der andere?" – „Kann der fliegen?"
Luis ist mächtig stolz. Er fühlt sich fast genauso groß wie ein Dino. Aber ohne Amira hätte er das nicht geschafft. Manchmal ist es wohl doch gut, wenn man nicht der einzige Experte für Dinos im Kindergarten ist, überlegt er. Er dreht

sich zu ihr und lächelt sie verlegen an. „Danke für deine Hilfe“, murmelt er.
„Bitte.“ Amira grinst zurück.
Da bekommt Luis ein warmes Gefühl im Bauch. „Komm“, sagt er und nimmt Amiras Hand, „wir erklären den anderen die Dinos!“
Gemeinsam mit den anderen Kindern spielen sie das neue Spiel und bauen einen richtigen Dino-Park.
Als er später von seiner Mutter abgeholt wird, strahlt Luis über das ganze Gesicht. Das war ein toller Tag, denkt er. Mit dem neuen Spiel und den Büchern können sie jetzt in der Gruppe alle richtige Dinosaurierexperten werden. Vielleicht lernt sogar Sven endlich ein bisschen mehr über Dinosaurier. Aber noch viel besser ist, dass Amira und er jetzt Freunde sind, findet Luis und winkt Amira zu.
„Tschüss, Amira!“
Und Amira winkt lachend mit ihrer Stegosaurus-Figur zurück.

Kampf gegen Tyranno

Die Sonne war gerade über dem Kuckucksfeld am Rande des Waldes aufgegangen. Die Vögel zwitscherten fröhlich, die Bienen summten freudig, nur Bibber, der Hase, wollte nichts von diesem Tag wissen. Er machte sich ganz klein in seiner Erdmulde und wünschte sich, er wäre unsichtbar. Oder so winzig, dass seine Kumpels ihn nicht entdecken könnten. Er ärgerte sich noch immer über sich selbst. Wie hatte er bei der Mutprobe bloß so versagen können?!

Es war darum gegangen, wer sich am nächsten an den Fuchsbau herantraute. Bibber hatte sich gar nicht getraut. Vor lauter Angst hatte er sich plötzlich wie gelähmt gefühlt und alles in sich zusammengepresst, um die Angst so vielleicht kleinzukriegen. Aber das war gründlich schiefgegangen, denn dabei hatte er auch noch – plupp, plupp, plupp – ein paar Angsthasenköttel fallen lassen.

„Hosenschisser, Kötteldrisser!“, hatten die anderen gerufen.

Und das riefen sie jetzt noch immer, wenn sie ihn sahen. Bibber wollte seine Erdkuhle am liebsten gar nicht mehr verlassen.

Aber da tauchte auch schon einer seiner Kumpels auf.

„Na, Bibber? Heute schon geköttelt?“, fragte er und lachte sich über seine eigene Frage kaputt. Und dann veräppelte er Bibber wieder: „Hosenschisser, Kötteldrisser!“

Bibber zitterte vor Wut. Aber zugleich hatte er Angst, sich zu wehren, weil sein Kumpel viel stärker war als er.

„Hosenschisser, Kötteldrisser!“, klingelte es da wieder in seinen Ohren.

„Hosenschisser, Kötteldrisser! Hosenschisser, Kötteldrisser!“

Bibber konnte es nicht mehr hören! In ihm war jetzt so viel Wut, dass er das Gefühl hatte, er würde jeden Augenblick platzen. Vor lauter Wut begann er, einen Gang in die Erde zu graben. Und er grub und grub und grub immer tiefer …

Bibber wusste nicht, wie lange er schon gegraben hatte, als plötzlich Licht in den Tunnel fiel. Irgendwo war er angekommen. Aber wo?
Zögernd kroch Bibber aus seinem Erdgang heraus. Ein Farnwedel kitzelte ihn an der Nase. Farnkräuter kannte er aus dem Wald, der an das Kuckucksfeld grenzte. Aber diese Farne waren so groß wie Bäume …
Gerade wollte sich der Hase darüber wundern, da verdunkelte sich der Himmel und die Erde zitterte. Donnerndes, stampfendes Krachen dröhnte in seinen Ohren.
Ehe sich Bibber aus dem Staub machen konnte, stapfte direkt vor ihm ein riesiger Prankenfuß auf. Und Krallen hatte diese Pranke! Die waren so groß wie der ganze Bibber!
Langsam drehte der Hase seinen Kopf nach oben … und schaute geradewegs in ein geöffnetes Maul mit scharfen, spitzen Zähnen.
„Hahahallo …", stotterte Bibber und wäre am liebsten sofort wieder in seinem Tunnel verschwunden. Aber der Krallenfuß versperrte den Eingang.

„Hallo?! Du sagst ‚hallo‘ zu mir?“, wunderte sich das riesige Wesen mit dem Krallenfuß. Dann begann es furchterregend zu lachen. „Ha! Mein Mittagessen sagt ‚hallo‘! Wie höflich von dir!“
„Äh … ddd-dein, dein Mi-mi-mittagessen … ich verstehe ni-ni-nicht“, stammelte Bibber.
„Du musst auch nichts verstehen. Hauptsache, du schmeckst, du kleiner Appetithappen.“
Bibber musste schlucken. Dann nahm er seinen ganzen Mut zusammen und erklärte bestimmt: „Ich bin kein Appetithappen. Ich bin ein Hase. Und wer sind Sie?“
Das Monsterwesen brach wieder in schallendes Lachen aus. „Du kennst mich nicht? Was ist denn das? Hier im Saurierreich kennt mich doch jeder! Mich, den fürchterlich gefräßigen Tyrannosaurus Rex!“ Der Saurier senkte sich zu Bibber hinunter: „Du kannst mich aber auch nur Tyranno nennen. Das ist kürzer. Und viel Zeit bleibt dir sowieso nicht mehr. Denn gleich werde ich dich genüsslich zermalmen. Oder ich schlucke dich mit einem Haps runter. Na, was gefällt dir besser?“
Tyrannos Maul war jetzt so nah an Bibber, dass der Hase von seinem stinkenden Saurieratem ganz benebelt wurde.
„Puh, du stinkst aber ganz schön aus dem Mund!“, rutschte es Bibber raus.
„Waaaaas? Ich stinke?!!!“, brüllte Tyranno wütend. „Du sagst, ich, der große Tyrannosaurus Rex, stinke?! Ich warne dich, Appetithappen, sag das noch einmal und du verschwindest schneller in meinem Magen, als du bis drei zählen kannst!“
„Ich kann gar nicht bis drei zählen“, gab Bibber kleinlaut zu.
Tyranno stutzte.
„Also, Appetithappen, das macht dich direkt sympathisch. Ich kann nämlich auch nur bis zwei zählen. Aber für mich reicht das. Eins, zwei, haps und weg! Mehr brauch ich nicht. Oder was meinst du?“
„Äh … ich?“ Bibber überlegte fieberhaft. Er durfte jetzt nichts Falsches sagen. „Ja, also, ich finde … das stimmt. Du bist so stark, da musst du wirklich nicht bis drei zählen können.“

„Richtig, Appetithappen. Und nachdem wir so nett geplaudert haben, werde ich dich jetzt eins, zwei, haps … du verstehst schon …"
„Nein, nein!", rief Bibber verzweifelt.
„Nein???!!!", fragte Tyranno erstaunt. „Nenn mir einen vernünftigen Grund, warum nicht."
„Na ja, … weil, weil …" Bibber dachte angestrengt nach. Angst breitete sich in seinem Körper aus. Er wollte sie verjagen, aber das klappte nicht. Darüber wurde er wütend. Und vor lauter Wut, dass er so ein Angsthase war, begann er zu pressen … Und ‚plupp, plupp, plupp' ließ er wieder ein paar Angsthasenköttel fallen.
Tyranno schmatzte schon ungeduldig.
„Also, Appetithappen! Ich höre!", donnerte er drohend. „Kannst du mir irgendetwas anbieten, das leckerer schmeckt als du?"
Bibber schaute auf seine Hasenköttel und hatte plötzlich eine Idee.
„Oh ja, starker Tyranno!", sagte er. „Ich wüsste da etwas. Das schmeckt vielleicht nicht ganz so lecker. Dafür aber ist es umso wirksamer. Es gibt dir nämlich noch mehr Kraft."
„Noch mehr Kraft kann ich immer gebrauchen!", grölte Tyranno begeistert. „Was ist es denn?"
„Hier!" Bibber präsentierte ihm seine Hasenköttel. „In diesen Kraftpillen steckt die Kraft der hundert Saurierherzen!"
Tyranno beäugte die Köttel skeptisch.
„In den kleinen Kügelchen?! Wo hast du die her?" Bibber winkte ab, so als könne er das Geheimnis nicht verraten.
„Jetzt sag schon!", drängte ihn Tyranno. Und jetzt flüsterte Bibber ihm zu: „Die werden nach einem alten Geheimrezept hergestellt."
„Und die wirken?"
Der Hase hielt ihm die Köttel unter die Nase.
„Schluck sie runter!", forderte er Tyranno auf. „Und schon wirst du spüren, wie du dich gleich viel stärker fühlst."
„Und eins, zwei, haps!", sagte Tyranno, schnappte nach den Kötteln und schluckte sie mit einem Schwung hinunter.

„Und? Spürst du schon was?“, erkundigte sich Bibber.

„Na ja, … ich bin mir nicht sicher …“, erwiderte der Saurier zögerlich und schüttelte sich ein wenig.

Der Hase redete ihm gut zu: „Also auf mich wirkst du viel, viel stärker!“

„Wirklich?“

„Jetzt bist du bestimmt der stärkste Saurier, den ich je gesehen habe!“, verkündete Bibber. Und damit log der Hase nicht einmal. Denn Tyranno war der erste und einzige Saurier, den er je gesehen hatte.

Und Tyranno fühlte sich plötzlich wirklich stärker.

„Ja, ja! In der Tat! Die Kraft der hundert Saurierherzen ist in mir. Ich spüre sie ganz genau! Danke, Appetithappen! Dann kann ich dich ja nun als Nächstes verspeisen!“

Jetzt wurde Bibber so richtig wütend und brüllte Tyranno an: „Hey, was fällt dir ein, du Sauriermonster! Kommt gar nicht infrage! Du hast versprochen, mich zu verschonen, wenn ich dir was Besseres anbiete!“

„Nun ja, ich vergaß zu erwähnen, dass wir Tyrannosaurier unsere Versprechen nie halten! Tut mir leid. Bist du so weit? Eins, zwei …“

Und Tyranno hatte sein geöffnetes Maul schon fast ganz über den Hasen gestülpt.

Bibber stemmte sich mit aller Kraft gegen Tyrannos Eckzahn, um das Maul aufzuhalten. „Warte!“, rief er. „Die Kraftpillen! Wenn du mich frisst, bekommst du auch keine Kraftpillen mehr!“

Tyranno stutzte und zog sein Maul zurück.

„Wieso das denn?“, erkundigte er sich.

„Na ja, ich mache die doch selber. Und wenn du mich frisst, vernichtest du damit die Quelle der Kraftpillen.“

Tyranno überlegte einen Moment. Es dauerte ein wenig, bis er begriff.

„Ach so … so ist das …“

„Ja, genau so. Ohne Hasen keine Kraftpillen“, bekräftigte Bibber.

„Na gut. Dann lasse ich dich am Leben“, lenkte Tyranno ein. „Aber nur unter einer Bedingung!“

„Und die wäre?“

„Du musst dich verpflichten, deine Kraftpillen nur für mich ganz allein herzustellen!"
„Kein Problem!", erklärte Bibber. „Wenn du dich dazu verpflichtest, mich vor anderen Tyrannosauriern zu schützen."
„Na klar!", versicherte Tyranno. „Ich beschütze dich vor allen, die dir irgendetwas anhaben wollen. Ich darf doch nicht zulassen, dass meiner Kraftpillenquelle etwas geschieht."
Beide besiegelten ihre Abmachung mit Handschlag. Das heißt, Bibber drückte Tyranno die Kralle.
Und Tyranno verkündete stolz: „Ich bin bestimmt der erste Tyrannosaurier mit einer eigenen Kraftpillenquelle."
Bibber lachte laut und leise dachte er: ‚Und ich bin bestimmt der erste Angsthase, dem seine Köttel das Leben gerettet haben!'
Er spürte, wie stark er sich mit einem Mal fühlte. Er, Bibber, der Angsthase, hatte einen Tyrannosaurier überlistet! Keiner seiner Kumpels hatte je so etwas geschafft. Einen Tyrannosaurier! Gegen den war ein Fuchs doch ein niedliches Kuscheltier!

Eine dinostarke Geburtstagsschatzsuche

„Jippi, wir machen eine Schatzsuche!“, jubelt Sam und schwenkt das Papier, das er gerade auseinandergerollt hat. Heute feiert der kleine Velociraptor seinen sechsten Geburtstag und seine Mutter Mena hat zur Überraschung eine Schnitzeljagd für ihn und seine Gäste vorbereitet. Wie cool ist das denn? Sam spürt ein freudiges Kribbeln im Bauch, als er die Karte näher betrachtet.

„Jaaa, wir suchen einen Schatz!“ Auch die Austroraptorzwillinge Toni und Libby springen vor Freude auf und ab.

„Und wo sollen wir suchen?“, fragt Zara, das Deinonychusmädchen, und deutet auf die Karte zwischen Sams Krallen.

„Mmh, da ist ein Kreis und ein Pfeil, der zeigt nach da …“ Sam tippt auf das Papier und zeigt dann in Richtung Süden. „Oder ich muss die Karte anders halten.“ Er ist sich da nicht ganz sicher und dreht die Karte einmal herum.

„Zeig mal!“ Henry, der kleine Spinosaurier, stellt sich dicht neben Sam und wirft einen Blick auf das alte Papier. „Ich glaube, wir müssen in Richtung Farnwald“, stellt er fest. „Schau, hier sind noch Bäume eingezeichnet.“

Richtig, die hat Sam ganz übersehen! Gut, dass Henry sie entdeckt hat!

„Na dann los!“ Pete Dimorphodon schlägt aufgeregt mit seinen Flügeln.

„Ja, auf geht's!“ Sam spürt, wie sich das Kribbeln in seinem ganzen Körper ausbreitet, und sprintet los – und seine Freunde ihm hinterher.

Schnell erreichen sie einen Pfad, der von knorrigen Wurzeln durchzogen ist. Mannomann, hier muss man ja ganz schön aufpassen, dass man nicht hinfällt, findet Sam. Pete hat es leicht, der kann ja fliegen. Ganz konzentriert guckt das Geburtstagskind auf den Boden vor seinen Füßen. Zwischendurch muss er jedoch stehen bleiben und auf die Karte schauen. Nicht, dass sie noch falsch

laufen! „Da ist ein Kreis eingezeichnet, das ist bestimmt der Vierfarbensee, wahrscheinlich ist dort ein Hinweis versteckt", überlegt er laut.

„Ja, stimmt!" Henry hat Sam von hinten über die Schulter geguckt und nickt zustimmend.

„Schaut, da vorne ist er schon!", tönt es von Pete herab.

Tatsächlich, schon von Weitem glitzert das Wasser des Vierfarbensees in der Sonne. Als sie schließlich dort ankommen, suchen die Freunde das ganze Gelände nach einer Spur auf den Schatz ab, aber ohne Erfolg.

Das gibt es doch nicht, denkt Sam und hebt einige Farnblätter an. Hier muss es doch irgendeinen Hinweis geben! Enttäuscht tritt er gegen einen Tannenzapfen, der über die Erde rollt und am nächsten Baumstamm liegen bleibt. Sam blickt ihm nach. Da macht sein Herz auf einmal einen Hüpfer. Was ist denn das am Baum …?

„Ich glaub, ich hab was!", ruft Sam aufgeregt und läuft zum Stamm. „Hier ist ein roter Pfeil, er zeigt nach oben." Der kleine Velociraptor deutet nach oben in die Baumkrone.

„Pete, flieg doch mal hoch und guck, ob du etwas entdecken kannst!", bittet Zara ihren fliegenden Freund.

„Aber klar!" Pete schlägt ein paarmal mit den Flügeln und ist schnell im Baumwipfel gelandet.

Ob er etwas findet? Sam tritt unten ungeduldig von einem Bein aufs andere. „Und, Pete", ruft er, „siehst du was?"

„Ja", Petes Stimme überschlägt sich vor Aufregung, „hier ist ein Beutel!"

Mit flatterndem Flügelschlag kommt er wieder zu ihnen herunter und lässt einen kleinen Sack auf die Erde fallen.

„Ob da wohl der Schatz drin ist?“ Libby geht neugierig näher.
„Ach nö“, schnieft Toni enttäuscht, „das sieht aber nicht nach einer Schatztruhe aus.“
„Hauptsache, wir haben etwas gefunden“, sagt Sam, „vielleicht bringt der Beutel uns dem Schatz ja ein Stückchen näher.“ Er nimmt sich den Beutel. Was da wohl drin ist? Sein Herz klopft ein bisschen schneller. Schwungvoll schüttet er den Beutelinhalt auf die Erde: Verschieden geformte und unterschiedlich große Baumscheiben kullern heraus. „Mmh, was ist das denn?“ Verwundert legt Sam die Scheiben nebeneinander. Eine Weile betrachten die Freunde die runden Stücke und grübeln, bis schließlich Libby ausruft: „Ich hab's, das ist ein Puzzle! Schaut mal, die Sachen passen alle aneinander!“
„Stimmt, Libby! Super!“, freut sich Sam und hilft ihr, die verschiedenen Teile aneinanderzulegen.
Das Puzzle ergibt das Bild einer Höhle. „Das muss die Felsenhöhle unten am Fluss sein!“, überlegt Zara. „Die kenn ich! Da hab ich schon mal mit meinen Brüdern gespielt. Dabei haben wir sie entdeckt.“
„Super, dann lasst uns dort gucken!“, ruft Sam. Er spürt, wie es in seinem Bauch vor Aufregung ziept. Gemeinsam mit den anderen folgt er Zara zum Fluss. Schon von Weitem ist das Rauschen zu hören. Am Flussufer angekommen beginnt Sam sofort, nach dem Eingang der Höhle zu suchen. Aber das ist gar nicht so einfach, denn viele Büsche und Pflanzen wachsen dort. Es ist ein richtiger kleiner Urwald, denkt Sam, als er sich durch die Zweige kämpft. Da sieht er, wie Libby und Zara plötzlich hinter ein paar hochgewachsenen Pflanzen verschwinden. Ob sie den Eingang gefunden haben …?
„Hier ist es!“, erklingt kurz darauf tatsächlich Zaras Stimme und Sam läuft, so schnell es geht, zu den zwei Freundinnen hinüber, dicht gefolgt von Toni, Henry und Pete.
Vor den Augen der sechs Freunde erstreckt sich eine hohe Felswand, in der eine dunkle Öffnung klafft. Sam spürt ein Kribbeln im Nacken: Da drin sieht es ganz schön düster aus!
„Wow, ist das aufregend“, flüstert Pete und betrachtet neugierig den felsigen Eingang.

Auch Sam geht nun einen Schritt darauf zu. „Also los, sollen wir nachsehen, ob der Schatz hier versteckt ist?“, fragt er mit einem Krächzen im Hals.
Seine Freunde nicken nur stumm mit den Köpfen. Dann treten sie einer nach dem anderen in die Felsenhöhle ein. Auf einmal ist es stockdunkel um sie herum. Sam blinzelt ein paarmal und macht nur kleine Schritte. Seine Augen müssen sich erst einmal an die Dunkelheit gewöhnen. Doch dann kann er einen schmalen Pfad im Dunkeln erkennen. „Kommt, hier entlang“, sagt er nun etwas mutiger und geht voraus.
„Wo der Weg wohl hinführt?“, flüstert Toni hinter Sam.
„Ui, das ist ja echt gruselig.“ Henrys Stimme klingt ganz heiser und ein wenig zittrig. „So dunkel …“
„Komm, du kannst dich an mir festhalten“, meint Libby und streckt einen ihrer kurzen Arme aus.
Eine Weile gehen die Dinos schweigend hintereinander her, als plötzlich von irgendwo ein Lichtschein den Gang erhellt.
„Da muss noch ein Ausgang sein“, haucht Sam und geht rasch weiter. Er hat so ein Gefühl, dass sie dem Ziel immer näher kommen. Als er um eine weitere Kurve biegt, sieht er eine helle Öffnung im Dunkeln, die zwar noch recht klein ist, aber mit jedem Schritt größer und strahlender wird. Intuitiv fängt Sam an zu rennen und erreicht schließlich den Ausgang. Doch was ist das? Sam bleibt der Mund offen stehen bei dem Anblick, der sich ihm nun bietet: Er steht vor einer großen, verborgenen Blumenwiese, auf der es von Bienen und Schmetterlingen nur so wimmelt.
„Wow!“ – „Das ist ja Wahnsinn!“ – „Wunderschön!“ Auch die anderen hinter ihm wissen überhaupt nicht, wohin sie zuerst sehen sollen.
„Oh, ist das schön hier“, schwärmt Libby und legt sich ins hohe Gras.
„Wirklich wunderschön!“ Toni nickt und schaut einem Schmetterling zu, der erst hin und her flattert und sich dann auf seiner Schwanzspitze niederlässt. Verdutzt beobachtet der kleine Dino, wie der Falter seine Flügel ausbreitet, als fände er diesen Platz ganz ideal für ein kleines Sonnenbad.
„Na, der fühlt sich bei dir ja wohl“, kichert Zara.

Grinsend beobachtet Sam Toni und den Schmetterling, bis ihm auf einmal der Schatz wieder einfällt. Rasch faltet er seine Karte auf: „Los, wir müssen weiter. Ich glaube, wir sind ganz nah dran." Er deutet auf eine eingezeichnete Fläche auf dem Pergament. „Hier sind wir, der Schatz ist noch ein Stück in diese Richtung." Er tippt auf ein Kreuz etwas weiter rechts. „Oder was denkst du, Henry?" Sam dreht sich zu seinem Freund um, doch Henry ist nirgendwo zu sehen. Huch, wo ist er denn hin?

„Sagt mal, wo ist eigentlich Henry?", fragt Sam die anderen.

Toni, Libby, Zara und Pete schauen sich verwundert um. Henry? Er war doch eben noch bei ihnen? Doch weit und breit ist kein Henry mehr zu sehen. Sam spürt wieder ein Kribbeln in seinem Bauch, doch dieses Mal ist es eher ein unangenehmes Ziehen. Hoffentlich ist Henry nichts passiert!

„Henry?“, fängt Libby an zu rufen. „Henry?!“, fallen die anderen Dinos mit ein. Gemeinsam suchen sie die ganze Wiese ab und schauen hinter den Bäumen nach, doch vergebens, Henry bleibt verschwunden.
„Okay, wir brauchen einen Plan“, setzt Sam an. „Der Schatz ist jetzt erst mal egal, wichtig ist, dass wir Henry wiederfinden.“ Der kleine Dino überlegt angestrengt, wo Henry sein könnte. Weit kann er eigentlich nicht gekommen sein, in der Höhle war er ja noch bei ihnen. „Pete, am besten, du fliegst eine große Runde und schaust, ob du Henry irgendwo siehst“, schlägt Sam vor. „Und wir anderen gehen dort entlang über die Wiese. Ich denke nicht, dass Henry zurück durch die Höhle gegangen ist, weil er ja solche Angst im Dunkeln hatte.“
Die anderen sind einverstanden und so laufen sie eilig weiter. Am Ende der Wiese gelangen Sam, Libby, Zara und Toni an eine Hängebrücke, unter der sich ein kleiner Wasserfall in die Tiefe stürzt. Das sieht richtig toll aus, doch Sam und die anderen Dinos gehen schnell daran vorbei.
Sam macht sich große Sorgen. Nicht mehr lange und es wird dunkel. Dann wird es noch schwieriger, ihren Freund zu finden und auch den Weg nach Hause. Außerdem fürchtet Henry sich doch so im Dunkeln! Sam hat auf einmal einen dicken Kloß im Hals. Sie müssen Henry einfach vor dem Dunkelwerden finden! Entschlossen geht er weiter an einem Felsen vorbei – und bleibt im nächsten Moment abrupt stehen.
„He, was ist denn?“, ruft Libby erschrocken, die von hinten gegen Sam gestoßen ist.
Doch Sam legt nur eine Kralle an sein Maul. „Habt ihr das auch gehört?“, flüstert er. Er könnte schwören, dass er ein Geräusch gehört hat.
Zara, Libby und Toni sind mucksmäuschenstill und lauschen.
„Also, ich höre nur den Wasserfall“, flüstert Toni nach einem Moment. Und auch Zara und Libby blicken Sam nur fragend an.
„Da war noch etwas anderes …“ Sam ist sich ganz sicher. Irgendwo da vorne … Langsam läuft der kleine Dino um den Felsen herum. Hier ist es gleich viel leiser.

„Ja, jetzt höre ich es auch", ruft Libby, die ihm gefolgt ist. Das klingt wie … als ob jemand weint!"
„Henry?", ruft Zara. „Henry, bist du hier?"
Eilig laufen die Freunde in die Richtung, aus der das Schluchzen kommt.
„Es kommt von dort, hinter dem Farn", meint Toni und deutet auf ein Gebüsch.
Und tatsächlich, als sie die Blätter etwas zur Seite biegen, entdecken sie …
„Henry, da bist du ja! Geht's dir gut?", ruft Libby aus.
„Wir haben dich schon überall gesucht!", erklärt Zara.
„Was ist denn passiert?" Sam merkt, wie ihm ein dicker Felsbrocken vom Herzen plumpst, so erleichtert ist er, dass sie Henry gefunden haben.
„Wie schön, euch zu sehen", lacht Henry erleichtert. „Ich bin einem tanzenden Schmetterling hinterhergelaufen und habe mich dann total verirrt und euch nicht wiedergefunden", murmelt er immer leiser. „Tut mir leid, dass ihr euch Sorgen gemacht habt."
„Hauptsache, wir sind wieder zusammen", meint Libby und streicht ihm sanft über den Kopf.
„Genau!" Die anderen nicken.
„Und der Schatz, habt ihr ihn entdeckt?", fragt Henry aufgeregt. Die anderen schütteln nur stumm die Köpfe.
„Oh, schade", murmelt Henry enttäuscht und blickt etwas schuldbewusst auf seine Füße.
„Huhuuu, habt ihr ihn wiedergefunden?", ertönt es da aus der Luft und Pete setzt zum Landeflug an. „Mensch, Henry, gut, dich zu sehen", japst er etwas außer Atem, nachdem er neben seinen Freunden gelandet ist.
„Sag mal, worauf sitzt du da eigentlich, Henry?", fragt Zara in diesem Moment und zeigt auf die Farnblätter unter Henry.
Neugierig blickt Sam in Henrys Richtung. Ja, hatten sich nicht eben die Blätter bei Petes Landung bewegt? Konnte es sein, dass da etwas drunter hervorgeblitzt hat?
„Ähm, keine Ahnung", seufzt Henry immer noch etwas enttäuscht wegen des unentdeckten Schatzes und steht langsam auf.

Sam geht näher und schiebt langsam die Farnblätter beiseite. „Das gibt's doch nicht", flüstert er und könnte vor Freude platzen.
„Die Schatztruhe!", ruft Henry begeistert und verblüfft zugleich.
„Du hast auf ihr gesessen", gluckst Libby.
„Na, du bist eben ein wahrer Schatzhüter", lacht Sam und auch die anderen brechen in lautes Gelächter aus.
„Aber …", japst Sam nach einer Weile und hält sich seinen Dino-Bauch, „das allergrößte Geschenk heute ist doch, dass wir Henry wiedergefunden haben."
Er grinst seinen Freund an.
Und Henry grinst zurück. „Gern geschehen, Geburtstagskind", lacht er.

Ein aufregender Tag

Vorsichtig steckt der kleine Parasaurolophus seine Schnauze aus dem Gebüsch. Niemand da! Er guckt nach links und dann nach rechts, aber er ist wirklich ganz allein. War das ein schrecklicher Sturm letzte Nacht! Viele Bäume sind laut krachend umgestürzt. Zum Glück ist ihm kein Ast auf den Kopf gefallen. Furchtbar geregnet hat es auch und der kleine Dino steht mitten im Schlamm. Langsam stapft er auf die Lichtung.

Hmm, denkt er, die Blätter riechen lecker. Ob sie auch schmecken? Vorsichtig beginnt er zu knabbern.

„Lophus", ruft da seine Dino-Mama, „hier bist du ja!"

Glücklich schnaubt er durch seinen Schädelkamm. „Pfff", tönt es leise. Mama lacht. „Wenn du groß bist, dann wird dein Schädelkamm auch lang!", weiß sie.

„So lang wie deiner?", fragt Lophus. Mamas Kamm ist nämlich riesig! Bevor Mama antworten kann, bebt die Erde.

„Was ist das denn?", fragt Lophus ängstlich und guckt zu seiner Mama hoch.

„Das sind die Titanosaurier. Eine ganze Herde. Komm, schnell, zur Seite, sonst tritt noch einer auf dich drauf!", ruft Mama aufgeregt.

„Sind die riesig!" Lophus kann gar nicht mehr aufhören zu staunen. Selbst die Füße der Titanosaurier sind größer als er.

Als die Riesendinos weg sind, läuft Lophus zusammen mit seiner Mama weiter. Während sie ihre Herde suchen, zeigt Mama Lophus, welche Farnblätter er fressen kann, dass die Schachtelhalme piksen und dass bei Palmen nur die jungen Blätter richtig gut schmecken.

Plötzlich zieht sie ihn ins Gebüsch. „Scht, ganz leise", flüstert sie aufgeregt. „Siehst du den kleinen Dino dort? Das ist ein Velociraptor. Er hat fiese scharfe Krallen und ist superschnell. Er ist frech, und er greift alle an, die sich nicht schnell genug verstecken. Vor dem musst du dich in Acht nehmen."

Lophus hält vor Angst die Luft an. Ganz dicht schmiegt er sich an Mama. Aber da ist der Velociraptor auch schon wieder weg. Glück gehabt!
Die beiden laufen weiter, klettern über umgestürzte Bäume und patschen durch den Matsch.
„Mama, der ist ja riesig!" Lophus hat schon wieder Angst.

„Ach, das ist ein Angeber! Der spreizt doch nur seinen Kragen, damit er ganz groß aussieht. Das macht Dilophosaurus immer“, erklärt Mama.
„Also brauche ich mich nicht zu fürchten?“, fragt Lophus ein kleines bisschen mutiger.
Mama wiegt den Kopf hin und her. „Doch, der ist zwar nicht so groß, wie er aussieht, dafür kann er aber ganz schön zubeißen. Und jetzt lass uns endlich weitergehen.“ Ungeduldig zieht Mama Lophus hinter sich her.
Aber der hat schon wieder was entdeckt. „Du, Mama, der da hinten im Tal, ist der gefährlich?“

Erschrocken bleibt Mama stehen. „Wer? Wo?“ Sie schaut sich um. „Ach, nee, das sind nur die Stegosaurier. Die haben lustige Stacheln, aber wenn du sie nicht ärgerst, lassen sie dich in Ruhe.“
„Und der da, der ist bestimmt nicht gefährlich. Stimmt's?“, fragt Lophus und zeigt in die Luft.
Mama schaut genau hin. „Pterodactylus“, sagt sie fachmännisch. „Die leben am Meer. Und eigentlich fressen sie Fische. Sie müssen wohl im Sturm letzte Nacht vom Weg abgekommen sein.“

Mama will schon wieder weiter. Langsam wird sie ungeduldig, weil sie die anderen noch nicht gefunden haben.
Aber Lophus hat schon wieder etwas entdeckt. „Du, Mama“, sagt er, „da hinten am Wasser, kennst du die?“
„Endlich!“ Mama ist erleichtert. „Das ist unsere Herde. Lophus, mein Schatz, du hast sie entdeckt!“ Fröhlich rennen die beiden zu ihrer Herde zurück.
„Heute hab ich viel gelernt“, murmelt Lophus am Abend zufrieden und kuschelt sich an seine Mama. Und dann ist er auch schon eingeschlafen.

Streit am Strand

An einem heißen Tag lag Theo Triceratops am Strand. Die Sonne wärmte ihm den Rücken und der Sand kitzelte seinen Bauch. Das tat richtig gut. Theo lächelte zufrieden. Er liebte diese Strandtage. Hier am Meer fühlte er sich immer dinosaurierwohl. Stundenlang konnte er den Flugsauriern zuschauen, wie sie Fische jagten. Auch jetzt kreisten sie wieder über dem Meer und schossen dann wie Pfeile ins Wasser. Theo war erstaunt, wie wenig Wasser beim Eintauchen spritzte. Es machte nur kurz Blubb und die Flugsaurier waren verschwunden. Wenige Momente später tauchten sie mit einem Fisch im Maul wieder auf. In der Ferne hörte Theo das Rascheln von Palmblättern im Wind und das gemütliche Brodeln eines Vulkans. Und er hörte das Rauschen der Wellen. Schwipp, schwapp plätscherten sie auf den Strand und verschwanden danach wieder im Meer. Manchmal schwemmten sie auch eine glänzende Muschel oder einen glitzernden Stein an Land. Die sammelte Theo dann auf. Er hatte schon eine kunterbunte Muschel- und Steinsammlung zu Hause.

Plötzlich entdeckte Theo etwas Rotes, das auf einer Welle trieb. Was war das denn?! Der kleine Dino wurde neugierig. Er kniff die Augen zusammen, um es besser zu sehen.

War das Blut? Iiiiih, wie eklig!

Oder eine Feuerqualle? Aaaaah, die brennen!

Ein Stück Wassermelone? Mmmmmh, lecker!

Theo stand auf, schüttelte den Sand von seinem Bauch und lief zum Ufer. Das rote Ding kam immer näher und näher. Schließlich trug eine Welle es direkt vor seine Füße. Oooooh, es war eine große, rote Schaufel!

Die ist ja toll, dachte Theo. Was man damit wohl alles machen kann?! Eine Burg bauen oder einen Hügel schaufeln … oder … oh, er könnte damit ein riesengroßes Loch graben! Ja, das war perfekt, dachte Theo, er würde das allergrößte Loch der Welt graben! Und einen Kanal vom Meer zum Loch. Dann fließt das Wasser durch den Kanal zu seinem Loch und er hat seinen eigenen Swimmingpool! Oh, wird das schön. Er schnappte sich die Schaufel und begann zu buddeln.

Zuerst grub er durch den trockenen, hellen Sand. Der rutschte immer wieder ins Loch zurück. Aber irgendwann war Theo beim dunklen, feuchten Sand angekommen, der darunter war. Feuchter Sand ist optimal zum Buddeln, das weiß ja jeder. Und so wurde das Loch immer tiefer und tiefer. Nach einer Weile wurde es Theo ganz heiß. Löcher graben ist ziemlich anstrengend. In der Sonne sogar noch anstrengender. Er überlegte, ob er sich kurz ein bisschen im Wasser abkühlen sollte. Ja, das tat bestimmt gut. Der kleine Dino rannte zum Meer und sprang ins Wasser, sodass es zu allen Seiten spritzte. Hui, das gab kein Blubb wie bei den Flugsauriern, sondern einen riesengroßen Platscher!

Das Wasser war herrlich erfrischend. Es fühlte sich an, als würde Theos Dino-Haut vor Freude knistern. Er hielt sogar kurz seinen Kopf unter Wasser. Das

hatte er sich früher nicht getraut. Aber er war vor Kurzem fünf geworden und mit fünf kann man schon viel mehr als mit vier.

Als Theo den Kopf wieder aus dem Wasser hob, erschrak er. Am Strand hatte ein anderer Dino seine rote Schaufel genommen! Ein Dinosauriermädchen. Es war Stella Stegosaurus, die fleißig weiter das Loch grub. Theo war starr vor Schreck, nur die Wellen bewegten ihn etwas hin und her. Ihm wurde ganz heiß, trotz des kühlen Wassers um ihn herum. Aber diesmal kam die Hitze nicht von der Sonne, sondern aus seinem Inneren heraus. Es fühlte sich an, als würde ein Feuerball in seinem Bauch wachsen. Das war seine Schaufel! Und sein Loch! Nicht von diesem doofen Stegosaurus Stinkedino! Der Feuerball in seinem Bauch wurde immer größer, stieg nach oben und auf einmal hielt Theo es nicht mehr aus. Es war, als ob er explodierte. Er rannte aus dem Wasser auf Stella zu, schrie dabei ganz laut „AAAAAH!!! Meine Schaufel!!!" und trat ihr eine Portion Sand ins Gesicht.

Stella machte einen Satz nach hinten, prustete heftig und schaute Theo dann geschockt an. Ihre Augen wurden für einen Moment so groß wie Äpfel. Dann wurde ihr Gesicht finster. Sie zog ihre Augenbrauen zusammen und atmete einmal tief ein. So tief, dass es aussah, als würde ihre Brust gleich platzen. Dann schrie auch sie: „NEIN! Überhaupt nicht! Die hab ICH gefunden!"

Das kann doch nicht sein, dachte Theo. Ist dieses Stegosaurus-Mädchen wirklich so blöd?! Das war seine und nur seine Schaufel. Das musste dieser Erbsenkopf doch verstehen. Um das klarzumachen, brüllte er noch mal „Meine Schaufel!" und trat Stella dabei wieder Sand ins Gesicht.

Da ließ Stella die Schaufel fallen und stürmte auf Theo zu.

Theo erstarrte. Stella kam ihm mit Vollgas entgegen. Es sah fast so aus, als würde Dampf aus ihren Nasenlöchern kommen. Wie bei einer Lokomotive. Damit hatte Theo nicht gerechnet. Seine Wut war plötzlich verschwunden und stattdessen hatte er einen anderen Gedanken in seinem Kopf: Alarm! Er drehte sich um und flüchtete, so schnell er konnte. Stella jagte ihm hinterher. Die beiden rannten über den Strand. Theo schlug Haken und versuchte sich hinter Sandhügeln zu verstecken, aber Stella blieb ihm immer auf den Fersen.

Er wurde sie einfach nicht los. Vielleicht hätte er doch keinen Sand auf sie treten sollen? Was sollte er jetzt nur machen? Die Dino-Jagd wurde ganz schön anstrengend. Theos Beine und Brust brannten und sein Herz pochte wie ein Presslufthammer. Viel länger würde er nicht mehr rennen können.
Zum Glück ging auch Stella die Puste aus. Sie hielt an und rief: „Stopp! Du kannst stehen bleiben."
Die beiden Dinos standen sich gegenüber und hechelten nach Luft.
„Warum hast du mir Sand ins Gesicht getreten, du Fiesling?", fragte Stella.
„Weil das meine Schaufel ist, du Diebin!", sagte Theo.
„Ich hab sie gefunden. Es ist meine!", sagte Stella.
„Ich hab sie zuerst gefunden. Das ist meine", sagte Theo.
„Meine", sagte Stella.

„Meine!“, rief Theo.
„Meine!“, rief Stella.
„MEINE!“, schrie Theo, so laut er konnte.
„MEINE!“, schrie Stella, so laut sie konnte.
Plötzlich war Stella abgelenkt, hielt inne und starrte an Theo vorbei. Irgendwas musste sie hinter ihm entdeckt haben. Was war da nur? Das wollte Theo auch wissen. Er drehte seinen Kopf, aber ganz langsam nur. Vielleicht wollte Stella ihn ja bloß reinlegen. Dann warf er einen Blick zurück – und erstarrte. Theo konnte es nicht fassen. Da war doch tatsächlich noch ein Dino – ein kleiner Parasaurolophus. Und der hatte jetzt die rote Schaufel genommen, dieser Dieb!
Der Parasaurolophus summte gerade ein Lied und warf mit der roten Schaufel eine Schippe Sand aus der Grube. In Theos Innerem fing es wieder gefährlich an zu brodeln.
Er blickte zu Stella. Auch sie schien nicht begeistert, wütend zog sie wieder ihre Brauen zusammen.
„Den Typ kenn ich doch“, rief sie empört „Das ist Paul Parasaurolophus. Der benutzt UNSERE Schaufel!“
Theo nickte heftig. „Komm, die holen wir uns zurück!“
Brüllend rannten sie auf Paul zu.
Als die beiden Schreidinos zu Paul in die Grube sprangen, fiel der vor Schreck um. Theo packte die Schaufel und riss sie Paul wieder weg. Dann schaute er ihn so böse an, wie er nur konnte. Am liebsten hätte er mit Blitzen aus seinen Augen auf ihn geschossen. Dem hatte er es gezeigt. Der würde ihm nicht so schnell wieder etwas wegnehmen. Doch auf einmal begann Paul zu weinen. Das löste bei Theo ein komisches Gefühlswirrwarr aus. Einerseits war er froh, die Schaufel zurückerobert zu haben. Andererseits tat ihm der heulende Paul leid. Aber die Schaufel konnte er unmöglich wieder hergeben!

Paul weinte nicht lange. Er stand auf und wischte sich die Tränen aus den Augen. Er schaute Theo und Stella mit festem Blick an und sagte: „Ich brauch eure blöde Schaufel nicht! Ich kann auch ohne sie Buddeln.“ Dann beugte er sich nach vorne und wirbelte mit seinen kurzen Vorderbeinen den Sand durch seine kräftigen Hinterbeine.

Verdutzt beobachteten Theo und Stella den Parasaurolophus. Mit seiner Durch-die-Beine-Buddel-Technik wurde das Loch tatsächlich superschnell größer. Noch schneller als mit der großen Schaufel.

„Ich brauch die Schaufel auch nicht", sagte Stella. Sie stellte sich neben Paul und begann den Sand mit ihrem kräftigen Stachelschwanz aus der Grube zu schleudern. Wie ein Riesenpropeller drehte sie ihren Stegosaurus-Schwanz im Kreis und wirbelte dabei so viel Sand auf, dass Theo sie fast nicht mehr sehen konnte.

Jetzt wollte Theo die Schaufel auch nicht mehr haben. Was die anderen beiden Dinos konnten, konnte er auch. Er war ja schließlich auch schon ein großer, starker Dino, der ganz ohne Schaufel buddeln konnte. Er warf die Schaufel so weit weg, wie er konnte. Fast hätte er dabei einen Flugsaurier getroffen, der gerade über ihm flog. Dann beugte er seinen großen Kopf nach vorne und schob mit seinem Triceratops-Nackenschild wie ein Bulldozer Sandhaufen für Sandhaufen aus der Grube.

Die drei Dinos sahen jetzt aus wie eine echte Baustelle. Jeder hatte sich in ein fleißiges Baggerwerkzeug verwandelt. Sie buddelten und buddelten und

buddelten, bis Paul auf einmal rief: „Hier ist ein dicker Ast im Sand. Ich komm nicht weiter." Theo und Stella begutachteten die Situation.
„Geht mal zur Seite", befahl Stella. Dann hob sie ihren Stachelschwanz in die Luft und zerschlug den Ast mit einem krachenden Schlag in zwei Teile. Theo war beeindruckt.
„Wow, du bist ganz schön stark", sagte er. Stella lächelte. Und Theo war froh, dass sie ihn vorhin bei der Jagd nicht erwischt hatte. Mit so einem Stegosaurus-Mädchen arbeitet man besser zusammen, anstatt gegen sie zu kämpfen, dachte er.
Kurze Zeit später stieß Theo auf einen großen Stein im Sand. So fest er mit seinem Nackenschild auch drückte, das dicke Ding wollte sich einfach nicht bewegen.
„Warte, ich helfe dir!", rief Paul.
„Ich auch!", rief Stella.
Als sie zu dritt mit aller Kraft gegen den Stein drückten, war der plötzlich gar nicht mehr so schwer. Ruck, zuck, hatten sie ihn aus der Grube geschoben.
So arbeiteten sie gemeinsam weiter, bis das Loch so groß und tief war, dass alle drei Dinos darin stehen konnten. Theo kletterte aus der Grube und streckte Paul seinen Vorderfuß hin, um ihm beim Rausklettern zu helfen. Dann zogen die beiden Stella aus der Grube. Vom Grubenrand aus betrachteten sie

zu dritt das Ergebnis. Sie hatten das größte Loch gegraben, das sie je gesehen hatten! Sie konnten gar nicht glauben, wie groß es geworden war.
Theo war mächtig stolz auf sie alle drei. Aber es war noch nicht ganz fertig: „Jetzt fehlt nur noch der Wasserzufluss", sagte er zu den anderen, grub seine Hörner wieder in den Sand und räumte mit seinem Nackenschild einen Kanal vom Meer zu ihrem Sandloch frei. Durch den Kanal floss das Wasser nach und nach ins Loch. Nach einer Weile war es bis zum Rand gefüllt.
„So", sagte Theo zufrieden, „jetzt haben wir unseren eigenen Swimmingpool."
„Juchu!", jubelten Stella und Paul und alle zusammen hüpften mit einem lauten Dino-Platsch ins Wasser.
Nach so viel anstrengender Buddelarbeit tat das kühle Wasser richtig gut und die drei Dinos genossen es, sich einfach treiben zu lassen. Sie kauten Palmenblätter, schauten in den Himmel und beobachteten die vorbeiziehenden Wolken.
„Ohne euch hätte ich das nie geschafft", sagte Theo und fügte dann vorsichtig hinzu: „Wollen wir morgen ein noch größeres Loch buddeln?"
„Jaaa!", riefen Stella und Paul gleichzeitig.
Da fühlte sich Theo ein bisschen so, als würde er auf einer Wolke schweben. Er hatte neue Freunde gefunden. Und das Einzige, was noch besser ist als ein Tag am Strand, ist ein Tag am Strand mit Freunden.

Neo lernt fliegen

Die Dämmerung hat gerade eingesetzt und der schwache Lichtschein am Horizont kündigt die aufgehende Sonne an. Noch ist alles friedlich und still im Urwald. Einzig auf dem großen Felsen, in der Flugschule der Flugsaurier, herrscht so früh am Morgen bereits ein reges Treiben. Alle kleinen Flugsaurier haben sich auf dem riesigen Felsvorsprung versammelt und warten auf den Fluglehrer. Sie sind mächtig aufgeregt. Heute lernen sie endlich fliegen!

„Platz da! Aus dem Weg!", ruft Maxi, der kleinste unter ihnen. Er nimmt Anlauf und flattert los. Sofort verliert er das Gleichgewicht und landet unsanft im Sand.

Rocco lacht. „Toll, Captain Bruchlandung!"

Maxi reibt sich sein Hinterteil. „Aua!", jammert er.

Nick schaut ihn an. „Du darfst nicht so schaukeln, wenn du abhebst", sagt er fachmännisch.

„Ja, es muss elegant aussehen!", pflichtet ihm Luna bei.

Rocco schüttelt unwillig den Kopf. „Papperlapapp! Einfach der Nase nach und los!" Ungeduldig schaut er sich um. „Wo bleibt bloß der Fluglehrer? Ich will jetzt endlich fliegen!"

Etwas abseits von diesem Trubel steht Neo. Auch er ist heute dran mit Fliegenlernen. Unruhig trippelt er von einem Bein auf das andere. Seine Flügel sind steif und er hat einen dicken Kloß im Hals. Er hat Angst. Große Angst. Wie hoch der Felsen doch ist! Was, wenn ihn seine Flügel nicht tragen? Er ist doch noch so klein! Was, wenn ihm die Kraft zum Fliegen fehlt? Was, wenn er abstürzt?

In diesem Moment kommt der Fluglehrer. „Alle Erstlinge bitte herkommen!"

Rocco drängelt sich nach vorne. „Endlich! Es geht los!"

Der Fluglehrer schaut ihn streng an. „Wir beginnen mit den Regeln."

Roccos Begeisterung erlischt schlagartig. „Regeln! Wie langweilig!“
Neo dagegen atmet auf. Erst einmal nur zuhören. Mit festem Boden unter den Füßen. Gott sei Dank!
Der Fluglehrer legt sofort los. „Regel Nummer eins:“, sagt er routiniert, „Niemals nach unten schauen! Ihr fliegt immer genau dahin, wo ihr hinschaut! Und was passiert, wenn ihr nach unten schaut?“
Rocco lacht. „Absturz natürlich!“
Der Fluglehrer nickt. „Genau!“
Neo schaut zum Abgrund. „Absturz!“, hämmert es in seinem Kopf und ihm wird etwas übel.
„Regel Nummer zwei: Immer auf den Wind achten! Regel Nummer drei: Vorsicht vor Bäumen und anderen Hindernissen. Regel Nummer vier …“
Neo hört nur noch mit halbem Ohr zu. Seine Gedanken schweifen ab. So viele Regeln! Wer kann sich das alles merken?

Nach ein paar Minuten ist der Fluglehrer fertig. „Jetzt geht's ab in die Luft! Alle mir nach!" Zielstrebig marschiert er los, die kleinen Saurier in Zweierreihen hinter ihm her. Vor drei mächtigen Felsbrocken macht er halt. „Das ist unser Übungsplatz", erklärt er.
Abschätzend mustert Neo die drei felsigen Ungetüme. Der kleine Felsen reicht ihm gerade knapp über den Kopf, der mittlere ist etwa zwei Saurier hoch und der ganz große, na ja, der ist schon ziemlich hoch.
Rocco schiebt sich an Luna vorbei. „Ich nehme den großen!"
Maxi lacht. „Au ja, ich komme mit!"
„Nichts da!" Der Fluglehrer stoppt die beiden übermütigen Fluglehrlinge. „Fliegen will ordentlich gelernt sein! Ihr startet alle auf dem kleinen Felsen. Wer da zwei bis drei saubere Flügelschläge schafft, kann zum mittleren wechseln. Dort wird das Landen geübt. Und erst, wenn ihr das gut könnt, dürft ihr vom höchsten Felsen starten, wo ihr dann das Gleiten in der Luft üben könnt."
Gesagt, getan. Rocco klettert als Erster auf den kleinen Felsen. „Macht Platz für den Meister!" Selbstsicher schlägt er mit den Flügeln, startet und schafft tatsächlich drei Flügelschläge. Mit hoch erhobenem Kopf stolziert er zum mittleren Felsen. „Ich mache hier weiter."
Auch bei Nick und Luna klappt es auf Anhieb und sie dürfen zu den Landeübungen wechseln. Maxi vergisst, seine Flügel einzusetzen, plumpst in den Sand und muss sich noch mal anstellen.
Dann ist Neo an der Reihe. Ängstlich steht er auf dem kleinen Felsbrocken und schaut hinunter. Von unten hat er gar nicht so hoch ausgesehen, aber nun, hier oben, wird ihm ganz schwindelig.
„Nicht nach unten schauen!", ruft der Fluglehrer sofort. „Regel Nummer eins: Niemals runterschauen!"
Neo spürt, wie seine Kehle eng wird. Er versucht, sich an die Regeln zu erinnern. Was war das noch? Wind, Hindernisse? In seinem Kopf dreht sich alles.
„Los!" Die Stimme des Fluglehrers klingt ungeduldig. Neo nimmt all seinen Mut zusammen und stößt sich ab. Doch vor lauter Schreck schließt er die Augen und landet kopfüber im Sand. Der Fluglehrer schlägt die Flügel über

dem Kopf zusammen. „Nein, nein, nein! Niemals die Augen schließen beim Fliegen!“, ruft er.

Rocco lacht. „Neo, der Blindflieger!“

Mit schmerzverzerrtem Gesicht rappelt sich Neo auf und versucht es noch einmal. Aber auch der zweite Versuch ist nicht besser. Neo landet auf dem Bauch. Danach auf dem Flügel und schließlich sogar auf der Nase. Alle anderen sind inzwischen schon auf dem großen Felsen, von wo sie wunderbar durch die Luft gleiten. Nur er steht immer noch auf dem kleinen Brocken. „Ich muss es schaffen“, denkt er. „Wenigstens einmal! Nur zwei Flügelschläge!“ Entschlossen nimmt er Anlauf und – stolpert! Mit voller Wucht klatscht er auf Nick, der gerade mit Schwung gelandet ist. Wütend stürmt der Fluglehrer herbei. „So etwas Ungeschicktes aber auch!“, schimpft er.

Neo schämt sich furchtbar. „Ich bin der einzige Flugsaurier, der niemals fliegen lernt!“, denkt er und eine Träne rollt über sein Gesicht. Als keiner hinschaut, schleicht er sich leise davon. Anfangs zögernd, dann immer schneller läuft er den steilen Hügel hinab bis ins Tal.

Erst als er den kühlen Wald erreicht hat, wird er allmählich ruhiger und langsamer. „Endlich, weit weg vom Flugfelsen!“, denkt er erleichtert und atmet tief durch. Er schaut sich um. Wo ist er hier nur? Er hatte es so eilig gehabt, vom Flugfelsen wegzukommen, dass er gar nicht auf den Weg geachtet hat! Umgeben von lauter alten Mammutbäumen bleibt Neo stehen. Interessiert betrachtet er die gewaltigen Stämme und die dichten Baumkronen. Plötzlich entdeckt er zwischen den Blättern ein Glitzern. Neugierig geht er näher. Was das wohl sein mag? Neo schiebt sachte einen Ast zur Seite und blickt auf einen riesigen See, auf dessen glatter Oberfläche sich das glänzende Sonnenlicht spiegelt. Wie wunderschön das aussieht!

Fasziniert vom Lichterspiel schaut Neo eine Weile auf den See und genießt die Ruhe. Dann spürt er, wie müde er vom langen Weg ist. Vielleicht sollte er sich kurz ausruhen. Er will sich gerade auf einen großen Stein setzen, als er plötzlich ein Geräusch hört. Erschrocken dreht er sich um. Was war das? Da, wieder! Ein Rascheln. Der Busch hinter ihm bewegt sich! Neos Herz schlägt schneller. Erst jetzt wird ihm bewusst, dass er ganz alleine im Urwald unter-

wegs ist! Ob er besser weglaufen sollte? Nicht, dass noch ein gefährliches Tier hinter dem Busch lauert! Aber nein, so gefährlich sieht der kleine Busch nicht aus. Vorsichtig geht Neo einen Schritt darauf zu. Und auf einmal schießt ein Kopf zwischen den Blättern hervor. Vor Schreck macht Neo einen Satz rückwärts. Dann stößt er einen ungläubigen Laut aus. „Luna! Du?" Verwirrt schaut er sie an. „Was machst du hier?"

Luna lächelt verlegen. „Ich habe gesehen, wie du dich weggeschlichen hast. Da bin ich dir gefolgt." Sie macht eine kleine Pause. „Ich habe mir Sorgen gemacht. Was machst du hier?"

Nun ist Neo verlegen. Er senkt den Kopf. „Ich bin weggelaufen", sagt er leise. Und dann sprudelt es auf einmal nur so aus ihm heraus: „Alle können fliegen, nur ich werde es nie lernen! Meine Flügel sind viel zu klein." Seine Stimme wird brüchig. „Sie werden mich niemals tragen!"

Luna schaut Neo überrascht an. „Aber Neo! Deine Flügel sind doch nicht klein!", sagt sie. Dann hellt sich ihr Gesicht auf. „Ich habe eine Idee!" Sie geht ganz dicht ans Ufer heran. „Komm! Stell dich neben mich!" Etwas verwundert folgt ihr der kleine Flugsaurier.

„Schau!" Luna zeigt aufs Wasser. Neo blickt auf die spiegelglatte Oberfläche des Sees.

„Ich sehe nichts", sagt er. Was meint Luna bloß?

„Du musst genauer hinschauen", sagt Luna. Neo schaut tief ins Wasser. Und tatsächlich! Da ist etwas! Er kneift die Augen zusammen. Es ist ein Saurier! Ein Saurier hier im See? Und dann begreift Neo. Das muss sein Spiegelbild sein! Noch nie zuvor hat er sich selbst gesehen. Fasziniert betrachtet er sich. Wie groß er doch ist! Vorsichtig streckt er seinen Hals. Der ist richtig lang!

Luna beobachtet ihn lächelnd. „Breite deine Flügel aus!", sagt sie. Ohne seinen Blick vom Wasser abzuwenden, hebt Neo seine Flügel. Er hält den Atem an. Das gibt's ja nicht! Auf einmal klopft sein Herz ganz heftig in seiner Brust. „Meine Flügel!", flüstert er. „Sie sind riesig! Was meinst du? Vielleicht tragen sie mich ja doch?" Er spürt plötzlich neuen Mut in sich.

„Versuch es!" Lunas Stimme klingt aufmunternd. Vorsichtig macht Neo einen Flügelschlag. Er spürt ein Kribbeln im Bauch. Dann ein leichtes Klopfen im

Herz. Und auf einmal ist sie da. Diese Kraft. Diese riesige Kraft in seinen Flügeln! Neo stößt sich ab. Er fühlt, wie ihn der Wind unter seinen Flügeln langsam in die Luft hebt. Eine Freude, wie er sie noch nie gespürt hat, lässt ihn jubeln. „Ich kann fliegen! Luna, schau doch! Ich fliege!"

Luna lacht fröhlich und hebt ebenfalls ab. Gemeinsam fliegen sie über den spiegelgatten See, erst eine kleine Runde, dann eine größere und schließlich kreuz und quer, bis sie völlig außer Puste sind. Fliegen macht so viel Spaß!

Allmählich werden ihre Schatten über dem See länger. Luna schaut zum Horizont, der sich schon ein wenig rötlich färbt. „Komm, wir fliegen zum Felsen zurück. Die anderen machen sich bestimmt schon Sorgen, weil wir so lange weg sind." Neo nickt.

Nach einer letzten Runde über dem See lassen sich die beiden vom Wind immer höher tragen bis hoch über die Baumwipfel, von wo sie gemeinsam zurück zum Flugfelsen fliegen.

Die anderen Saurierkinder sehen sie schon von Weitem. Es ist Maxi, der die beiden zuerst erkennt. „Schaut, es sind Neo und Luna! Und seht! Neo kann fliegen! Neo kann fliegen!" Alle klatschen begeistert und Neo strahlt. Ja, tatsächlich! Er kann wirklich fliegen! Wie wunderbar!

Benni und die Dinos

Benni ging nicht gern in den Kindergarten. Er fühlte sich unsicher. Jeden Tag erzählte Benni seinen Eltern und auch den Erzieherinnen, dass er sich vor den Dinosauriern fürchtete.

„Die gibt es doch gar nicht mehr", erklärten ihm die Erwachsenen lächelnd.

Aber Benjamin bestand darauf: „Gibt es doch. Und die wollen mich fressen!"

„So ein Unsinn!", sagte sein Vater.

„Komm mal her", meinte die Mutter und zog Benjamin zu sich heran: „Benjamin, die Dinos sind schon lange tot. Die sind bereits vor ganz langer Zeit von der Erde verschwunden und können dir gar nichts tun!"

Benjamin schüttelte den Kopf: „Aber ich hab doch welche gesehen!" Er stampfte mit seinem Fuß auf. „Ich hab welche gesehen. Im Kindergarten und auch bei uns im Garten!"

„Bei uns?", fragte die Mutter überrascht.

Benjamin nickte.

„Komm, dann zeig sie mir!"

Beide gingen in den Garten. Benjamin suchte nach Abdrücken im Rasen und in den Blumenbeeten. Und er fand welche.

„Das sind Abdrücke von Igeln und Kaninchen", erklärte die Mutter.

„Nein", beharrte Benjamin eindringlich, „das sind Dinosaurierspuren."

Keiner glaubte Benjamin. Nur Karl, ein alter Nachbar. Ihm konnte Benni alles von seinen Dinosauriern erzählen. Und Benjamin wusste viel!

„Die meisten sind gut", berichtete Benni. „Aber", fügte er leise hinzu, „es gibt auch ein paar böse, die fressen sogar Menschen!" Dabei riss er die Augen weit auf, als sähe er sie vor sich.

„Wie sehen die denn aus?", wollte Karl wissen. „Ich hab noch nie welche gesehen!"

„Soll ich mal die Bösen malen?“, schlug Benni vor. Karl nickte. Begeistert holte Benni Papier, Buntstifte, malte schwungvoll einen riesigen, massigen Körper mit Dornen und Pranken und einem kleinen Gesicht mit großen Kulleraugen.
„Ist das der Dino, vor dem dich gruselt?“, wollte Karl wissen.
„Vor dem nicht“, antwortete Benni. „Vor dem nicht, aber vor dem anderen!“
„Wie sieht der aus?“
„Weiß ich nicht!“ Benni blickte Karl an. „Soll ich den auch malen?“
„Natürlich! Den will ich auch sehen!“
Benni versuchte es. Er versuchte es dreimal. Der Körper wurde immer so ähnlich wie der vom guten Dinosaurier, aber beim Gesicht war Benni unsicher: „Ich krieg das nicht hin!“ Er nahm das Papier, zerknüllte es und warf es in den Papierkorb. „Der schaut so böse, ganz böse!“, meinte Benni mit fester Stimme. „Und der frisst Menschen! Wirklich!“
„Lass uns doch mal den guten Dino basteln“, schlug Karl vor. Wieder ging Benni mit Feuereifer an die Sache. Karl reichte ihm Papier, Klebstoff, Stifte, alles was man zum Basteln brauchte. Benni wollte alles allein machen. Karl durfte nur hin und wieder etwas festhalten oder festdrücken.
„Du weißt doch gar nicht genau, wie der aussieht“, erklärte Benni. „Du hast den noch nie gesehen!“ Und während er bastelte, erzählte er von den Dinos. „Weißt du, meiner frisst keine Menschen. Der ist nur stark. Und der vertreibt den Bösen. Dann kommt der Böse nicht mehr zu mir!“
„Wie heißt denn dein Dino?“, wollte Karl wissen.
„Dino, der Gute“, antwortete Benjamin bestimmt. Von diesem Tag an begleitete der niedlich lächelnde Dino aus Pappe, Stoff und Papier, ebenso zerbrechlich wie mächtig, Benjamin überallhin – egal, wo er auftauchte. Karl hatte Benjamin, als der Dino fertig war, einen Zauberspruch gesagt, den er sich immer wieder aufsagen sollte – egal ob laut oder leise: „Mit dem Dino in der Hand gehe ich durchs ganze Land.“
Eines Tages im November ging Benni in der Abenddämmerung in den Garten, den Dino an sich gedrückt – um neue Spuren zu suchen. Bald darauf kam er zurück.
„Wo warst du?“, fragte die Mutter.

„Im Garten!“, antwortete er. „Die kommen nicht mehr! Nie mehr!“
„Wer kommt nicht mehr?“, fragte die Mutter erstaunt.
„Die bösen Dinosaurier! Sie erschrecken mich nicht mehr!“
„Und wieso nicht?“
„Wegen meinem Dino!“ Er hielt seiner Mutter die Figur vors Gesicht. „Die Bösen haben Angst vor dem! Und deshalb kommen sie nicht mehr!“

Monika Larsen

Ans Ende der Welt

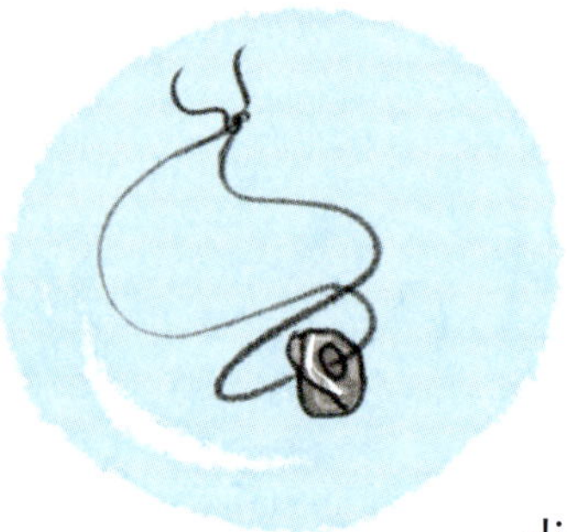

Zusammengesunken sitzt Nanu hinter dem großen Baum am Bach. Dicke Tränen kullern dem kleinen Langhalsdinosaurier übers Gesicht und laufen seinen Hals hinab. Da spürt er auf einmal eine Berührung an seiner Schulter. Seine Freundin Dina steht neben ihm.

„Da bist du ja“, ruft die kleine Langhälsin. „Ich hab dich schon überall gesucht. Wir wollen heute doch die alte Schlucht erkunden.“ Sie stutzt, als sie die Tränen in den Augen ihres Freundes entdeckt. „Was ist los? Warum weinst du denn?“

„Wi…ir … wir … zie…ziehen weg“, schluchzt Nanu.

„Was?“ Dina schnappt nach Luft. „Was meinst du damit?“

„Wir zie…iehen zu meiner Oma. Ans Ende der Welt!“

„Aber … aber wir können uns doch trotzdem weiterhin treffen, oder?“

Nanu hat einen dicken Kloß im Hals, als er in das erschrockene Gesicht seiner Freundin sieht.

„Nein", antwortet er und seine Stimme zittert. Angestrengt schaut er auf eine Blume am Bachrand. „Der Weg ist viel zu weit. Wir brauchen ganz lange bis zu Oma. Papa hat gesagt, dass der Mond zweimal rund wird, bis wir da sind."
„Zwei runde Monde?" Jetzt kullern auch bei Dina die Tränen. „Das … das heißt, wir sehen uns vielleicht nie wieder?"
Nanu schließt die Augen. Er hat das Gefühl, keine Luft mehr zu bekommen bei dem Gedanken daran, nie mehr mit Dina zu spielen, nie mehr mit ihr auf Entdeckertour zu gehen oder mit ihr über die Erde zu kugeln vor Lachen. Eine ganze Weile sagt keiner von beiden ein Wort. Schließlich hebt Nanu den Kopf.
„Komm, Dina", krächzt er und räuspert sich, um den Kloß im Hals loszuwerden. „Wir wollten doch die Schlucht erkunden. Lass uns die letzte Zeit, die ich hier bin, noch ganz viel zusammen machen."
Dina nickt und mit hängenden Köpfen machen sie sich auf den Weg zur Schlucht.

Ein paar Sonnenaufgänge später ist es so weit. Ganz früh am Morgen wollen Nanu und seine Eltern den langen Weg zu Oma antreten. Alle Langhälse im Tal haben sich versammelt, um ihnen eine gute Reise zu wünschen. Nur von Dina fehlt jede Spur.

„Komm, Nanu", ruft seine Mutter. „Es wird Zeit."

„Aber Dina ist noch nicht da", antwortet der kleine Langhals. Unglücklich tritt er von einem Fuß auf den anderen. Er kann doch nicht gehen, ohne Dina noch mal zu sehen, ohne sich von ihr zu verabschieden.

„Es tut mir leid, mein Kleiner." Nanus Mutter streicht ihrem Sohn mit dem Kopf zärtlich den Hals. „Aber wir müssen jetzt wirklich los."

Schweren Herzens folgt der kleine Saurier seinen Eltern zum Ausgang des Tals. Immer wieder schaut er zurück. Mit jedem Schritt fühlen sich seine Beine schwerer an, bis er kaum noch einen Schritt vor den anderen setzen kann. Doch plötzlich zerreißt ein heller Schrei die morgendliche Stille.

„Nanu, warte!"

Nanus Herz setzt einen Schlag aus, als er sich erneut umdreht und Dina auf sich zulaufen sieht. Außer Atem bleibt sie vor ihm stehen. Aus ihrem Maul baumelt an einem festen Band aus Gras ein wunderschöner, glatter Lochstein.

„Ich … ich hab ein Abschiedsgeschenk für dich", sagt Dina und lässt die Kette vor Nanu auf den Boden gleiten.

„Wow, das ist aber ein schöner Lochstein." Nanus Augen strahlen, als er das Geschenk betrachtet. Ihm wird ganz warm in der Brust.

„Er soll dich immer an mich erinnern", flüstert Dina mit tränenerstickter Stimme.

„Danke." Nanu schaut seine Freundin lange an. Dann senkt er den Kopf und streift sich die Kette über. „Ich werde gut darauf aufpassen." Er umschlingt mit seinem langen Hals den Hals seiner Freundin. Einen Augenblick bleiben die beiden Dino-Kinder dicht aneinandergekuschelt stehen. „Ich werde dich nie vergessen, Dina", flüstert Nanu, als er sich von seiner Freundin löst. „Mach's gut." Er dreht sich um und folgt seinen Eltern. Am Ausgang des Tals schaut er noch einmal zurück und winkt Dina ein letztes Mal zu.

Der Weg zu Oma ist lang und beschwerlich. Er führt über weite Ebenen, durch tiefe Schluchten und dunkle Wälder, in denen die Bäume unheimliche Schatten werfen. Ihr Nachtlager schlagen Nanu und seine Eltern am liebsten in der Nähe einer Quelle oder eines Flusses auf. So vergeht ein Tag nach dem anderen. Und mit jedem Schritt weg von seinem alten Zuhause wird Nanu trauriger. Er vermisst Dina schon jetzt so sehr, dass es wehtut.

Zwei runde Monde nachdem er und seine Eltern ihre Wanderung angetreten haben, erreichen sie endlich ihr Ziel. Am Rand einer Lichtung entdeckt Nanu seine Oma. Für einen Augenblick vergisst er seinen Kummer und sein Herz hüpft vor Freude auf und ab. „Omi!", ruft er und läuft so schnell er kann zu ihr.

„Nanu!" Die Augen seiner Oma leuchten auf, als sie ihn sieht. „Da seid ihr ja endlich. Ihr seid bestimmt hungrig. Ich habe schon seit Tagen die leckersten Blätter und Gräser für euch zusammengesucht."

Nanu schluckt und schaut seine Lochsteinkette an. Obwohl er so lange gewandert ist, hat er gar keinen richtigen Appetit. Seine Gedanken wandern wieder zu Dina. Er vermisst sie immer noch so sehr. Doch um Oma eine Freude zu machen, schnappt er sich ein paar Blätter und zieht nach dem Essen los, um die Gegend zu erkunden. Dabei würde er am liebsten sofort wieder zurück in sein altes Tal laufen. Hier sieht alles so anders aus ... Gedankenverloren trottet Nanu mit gesenktem Kopf weiter. Gerade hat er den Rand der Lichtung erreicht, als dicht neben ihm ein „Hallo!" ertönt. Verdutzt bleibt Nanu stehen.

„Wer ist da?", fragt er mit klopfendem Herzen und sieht sich ängstlich um. Ein leises Kichern antwortet ihm. Zwischen den Bäumen am Waldrand taucht ein Kopf mit einem knöchernen Kragen, zwei langen Hörnern über den Augen und einem kleineren Horn auf der Nase auf.

„Du bist bestimmt Nanu", ruft das fremde Dino-Kind und springt mit einem Satz aus dem Gebüsch. „Deine Oma hat erzählt, dass du kommst. Ich bin ein Triceratops, du kannst mich Trico nennen."

„Hallo, Trico. Gibt es hier noch mehr Dino-Kinder?"

„Ja, klar." Trico nickt. „Komm, ich zeig sie dir."

Den ganzen Nachmittag und auch die nächsten Tage ziehen die beiden durch die Gegend und Nanu lernt alle Dino-Kinder kennen, die in der Nähe leben. Das macht richtig Spaß und Nanu fühlt sich schon ein bisschen besser. Dina fehlt ihm immer noch, aber vielleicht, ganz vielleicht ist es hier ja auch ganz schön.

„Was ist das eigentlich für ein Anhänger?“, fragt Trico auf einem ihrer Streifzüge und zeigt auf den Lochstein, der an Nanus Hals baumelt. Der kleine Langhals muss schlucken.

„Den Stein hat Dina mir zum Abschied geschenkt“, antwortet er schließlich. „Damit ich sie nicht vergesse.“ Bei dem Gedanken an seine Freundin steigen ihm Tränen in die Augen. „Sie fehlt mir“, flüstert er und lässt den Kopf hängen.

„Hm“, brummelt Trico und überlegt, wie er Nanu trösten kann. Er stupst ihn an.

„Sei nicht traurig. Weißt du was? Ich zeige dir meinen allergeheimsten geheimen Geheimplatz.“

Nanu hebt den Kopf. Neben dem schweren Gefühl in der Brust, das er schon so gut kennt, spürt er plötzlich ein angenehmes Kribbeln in seinem Dino-Bauch.

„Deinen allergeheimsten geheimen Geheimplatz?“, fragt er, neugierig geworden.

„Ja, komm", ruft Trico und stupst ihn noch mal an. „Mir nach. Wir müssen uns beeilen, wenn wir vor Sonnenuntergang wieder zurück sein wollen."
Eine ganze Weile laufen die Dino-Kinder durch hohes Gras und schlagen sich durch dichtes Gebüsch. Endlich erreichen sie den Rand eines dunklen Waldes.
„Ist es hier?", fragt Nanu mit klopfendem Herzen.
„Nein." Trico schüttelt den Kopf. „Wir müssen noch durch den Wald."
Nanu schluckt schwer. „Da … da drin ist es aber ziemlich finster, oder?" Seine Stimme zittert. Wer weiß, was sie zwischen den Bäumen erwartet?
Sein Freund lacht. „Keine Angst", sagt er. „Es ist nur noch ein kurzes Stück. Dann sind wir am Ziel."
Mit einem mulmigen Gefühl im Bauch folgt Nanu ihm. Ängstlich schaut er sich immer wieder um und atmet auf, als sich nach kurzer Zeit die Bäume lichten und den Blick auf eine kleine Bucht freigeben, die rechts und links von Felsen begrenzt wird. Vor ihnen liegt ein Sandstrand und dahinter … Nanu traut seinen Augen kaum.
„Ist … ist das alles Wasser?", stammelt er und betrachtet mit offenem Maul die spiegelnde blaue Fläche, die sich, soweit er gucken kann, vor ihnen ausstreckt.
„Ja", antwortet Trico. „Das ist das Meer. Ist es nicht schön?"
Nanu nickt. „Wunderschön", flüstert er und hält seine Nase in die feuchte Brise, die vom Wasser her weht. „Oma hat mir schon davon erzählt, aber ich habe es noch nie gesehen."
Trico strahlt über sein ganzes Sauriergesicht. „Diese Bucht habe ich erst vor Kurzem entdeckt und noch keinem außer dir gezeigt. Sie ist mein allergeheimster geheimer Geheimplatz."
Er lacht, läuft über den Strand und springt ins Wasser. Nanu schaut ihm nach und spürt, wie sein Herz vor Freude und Aufregung schneller schlägt. „Warte auf mich", ruft er seinem Freund hinterher, nimmt Anlauf und stürzt sich – platsch – kopfüber ins Meer. Wow. Ist das toll! Kaum wieder aufgetaucht, sieht er sich nach Trico um. Sein Freund ist direkt neben ihm. Doch warum guckt er so komisch?

„Was ist los?“, fragt Nanu und lacht. „Hast du ein Wassermonster gesehen?“

„Deine … Kette“, stammelt Trico. „Wo ist deine Kette?“

Nanu sieht an sich herunter und erstarrt. Dinas Lochstein ist nicht mehr da.

„Mein Stein … mein Stein ist weg.“ Ihm schießen die Tränen in die Augen. Er hat plötzlich das Gefühl, der sandige Boden rutsche ihm unter seinen Füßen weg. Fieberhaft schaut er sich um. „Ich muss ihn im Wasser verloren haben.“ Er holt tief Luft, taucht unter und sucht den Meeresboden ab. Nichts! Keine Spur von seinem Lochstein! Verzweifelt taucht er wieder und wieder ins Wasser, doch sein Stein bleibt verschwunden. Plötzlich schwimmt genau vor seiner Nase etwas an ihm vorbei. Vor Schreck schluckt Nanu Wasser und schießt zurück an die Oberfläche. Er schnappt nach Luft und sieht sich um.

„Hast du das gesehen, Trico?“, fragt er außer Atem. „Ich glaube, da war ein Langhals im Wasser.“

„Echt?“ Verwundert sieht Nanus Freund sich um. „Ich kann keinen entdecken. Hier gibt es eigentlich auch keine Langhälse außer deiner Familie.“

„Aber da war einer. Genau vor mir. Ganz bestimmt.“ Nanu lässt seinen Blick übers Meer schweifen. „Da! Was ist das?“ Ein Stück von ihm entfernt steigen mehrere Blubberblasen an die Wasseroberfläche. Nanus Herz rast. Was immer da ist, hoffentlich ist es nicht gefährlich!

Trico schaut in die Richtung, in die sein Freund gezeigt hat. Doch ehe er antworten kann, folgt den Blubberblasen ein Kopf auf einem langen Hals.

„Suchst du das?“, fragt das fremde Dino-Kind. Es kommt näher und streift Nanu die Kette, die es im Maul trägt, über den Kopf.

„Mein Lochstein! Du hast ihn gefunden.“ Nanu fühlt sich auf einmal ganz leicht. Ihm ist ein ganzer Felsbrocken vom Herzen gefallen. „Vielen Dank.“ Er strahlt den Neuankömmling an. „Ich bin Nanu und das ist Trico. Und wer bist du? Bist du auch ein Langhals? Wir dachten eigentlich, hier gibt es keine außer meiner Familie.“

„Ich lebe hier im Meer“, antwortet das fremde Dino-Kind. „Ich bin ein Wasserdinosaurier. Mein Name ist Plesia.“

„Ein Wasserdinosaurier?“ Nanus und Tricos Augen werden immer größer. „Es gibt auch im Meer Dinosaurier?“

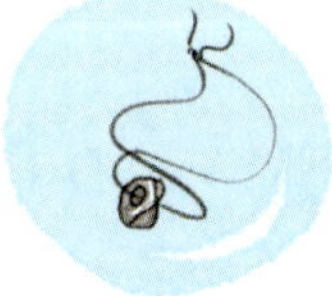

„Klar doch." Plesia grinst. „Ganz viele sogar."
„Bringst du sie mit, wenn wir morgen wiederkommen?", fragt Trico. „Jetzt müssen wir nämlich nach Hause. Es wird bald dunkel."
„Mach ich", verspricht Plesia und winkt ihnen mit einer Flosse zu, bevor sie im Wasser verschwindet.
Gespannt machen Nanu und Trico sich am nächsten Tag wieder auf den Weg in Tricos geheime Bucht. Dort angekommen rufen sie nach Plesia. Es dauert nicht lange und ihre neue Freundin taucht mit zwei anderen Wasserdinos auf. Fröhlich planschen die fünf Saurierkinder zusammen im Meer. Das macht so viel Spaß! Viel zu schnell ist der Tag vorbei und Nanu und Trico verabschieden sich von ihren neuen Freunden. „Wir kommen bald wieder", rufen sie ihnen zu, bevor sie sich auf den Heimweg machen. Und sie halten ihr Versprechen. Sooft sie können, besuchen sie Plesia und die anderen Wasserdinos. Nanu vermisst Dina immer noch, aber er ist nicht mehr ganz so traurig, wenn er an sie denkt.

Als er und Trico eines Tages von einem Besuch ihrer Wasserfreunde zurückkehren und schon fast zu Hause sind, hören sie plötzlich Stimmen. Nanu bleibt wie angewurzelt stehen. Die Stimme kennt er doch. Kann das sein? Aufgeregt stürzt er vorwärts. Auf Omas Lichtung angekommen traut er seinen Augen nicht. Vor ihm stehen … Dina und ihre Familie! Nanus Herz hüpft vor Freude.

„Dina!" So schnell er kann, läuft er zu seiner Freundin und schlingt seinen Hals ganz fest um ihren. „Was macht ihr denn hier?"

„Hallo, Nanu." Dina löst sich von ihrem Freund und grinst. „Was sollen wir hier schon machen? Wir besuchen euch. Wir bleiben zwei runde Monde hier. Ist das nicht toll?"

Ihre Mutter lacht. „Guten Tag, Nanu“, begrüßt sie den Freund ihrer Tochter. „Dina war so traurig, als du weg warst, dass wir ihr versprochen haben, dich dann und wann zu besuchen. Und ich muss sagen, schön habt ihr es hier.“
„Ja, nicht wahr?“ Nanu lacht. „Und hier gibt es sogar Langhälse, die im Wasser leben.“
„Echt?“ Dinas Augen werden riesengroß. „Langhälse im Wasser? Davon musst du mir mehr erzählen.“
„Ach was, nicht erzählen, Trico und ich zeigen sie dir“, antwortet Nanu und deutet auf seinen Freund, der ein Stück entfernt stehen geblieben ist.
„Hallo, Trico“, begrüßt Dina den kleinen Triceratops.
Trico grinst. „Hallo, Dina. Schön, dass du da bist. Nanu hat mir schon von dir erzählt.“
Dina strahlt. Zu dritt machen sie es sich am Rand der Lichtung gemütlich und Nanu berichtet seiner Freundin alles, was er erlebt hat, seit sie sich das letzte Mal gesehen haben. Die Worte sprudeln nur so aus ihm heraus. Er fühlt sich ganz leicht und froh und als die drei Dino-Kinder etwas später aneinandergekuschelt einschlafen, liegt ein glückliches Lächeln auf Nanus Gesicht.